…S COMPLET D'ORTHOGRAPHE.

…RTICIPES. — *(Faisant partie du 3ᵉ degré.)*

L'ORTHOGRAPHE

DU PARTICIPE

ENSEIGNÉE PAR LA PRATIQUE

et au moyen de deux règles seulement

AUX ENFANTS DE 9 A 12 ANS.

RECUEIL

… de 140 dictées présentant, dans un ordre méthodique, toutes les difficultés qu'offre l'accord du participe.

PAR Mᵐᵉ CHARRIER-BOBLET,

L'UNE DES FONDATRICES DU COURS D'ÉMULATION;

Auteur de l'Orthographe d'usage enseignée par la pratique aux enfants de 5 à 7 ans; — l'Orthographe enseignée par la pratique aux enfants de 7 à 9 ans, ouvrage AUTORISÉ PAR L'UNIVERSITÉ; — Chronologie des rois de France; — Aperçu chronologique de l'histoire d'Angleterre, etc.

PARTIE DE L'ÉLÈVE.

I.

PARIS.

A LA LIBRAIRIE CLASSIQUE

DE Mᵐᵉ Vᵉ MAIRE-NYON, QUAI CONTI, 13.

L'ORTHOGRAPHE

DU PARTICIPE

ENSEIGNÉE PAR LA PRATIQUE.

PARTIE DE L'ÉLÈVE.

I.

OUVRAGES DE Mmes CHARRIER ET BOBLET.

COURS COMPLET D'ORTHOGRAPHE :

L'Orthographe d'usage enseignée par la pratique aux enfants de cinq à sept ans ; ouvrage très-élémentaire, où l'orthographe de chaque son est méthodiquement enseignée. Cet ouvrage, imprimé en gros caractères, est à la fois un livre de lecture, et un cours très-élémentaire d'*orthographe d'usage* et d'orthographe de principes. Nouvelle édition. In-12, cartonné. 1 fr. 50 c.

Éléments de grammaire pratique pour les enfants de sept à neuf ans. In-12, cartonné. 90 c.

L'Orthographe enseignée par la pratique aux enfants de sept à neuf ans. Nouvelle édition. In-12, cartonné. 1 fr. 50 c.

L'ORTHOGRAPHE ENSEIGNÉE PAR LA PRATIQUE EST AUTORISÉE PAR L'UNIVERSITÉ, — AUTORISÉE PAR DÉCISION DE M. LE GRAND-CHANCELIER ET EMPLOYÉE DANS LES MAISONS D'ÉDUCATION DE LA LÉGION D'HONNEUR ; honorée d'une MENTION HONORABLE de la société pour l'instruction élémentaire ; — enfin, qualifiée par la Société grammaticale de *livre excellent, qui doit contribuer puissamment à faciliter l'étude de la langue française.*

L'Orthographe du participe enseignée par la pratique aux enfants de neuf à douze ans, recueil de 140 dictées graduées, dans lesquelles la cacographie, reconnue si dangereuse, est remplacée par des moyens qui en offrent tous les avantages sans en avoir les inconvénients. In-12, cartonné. 1 fr. 50 c.

Corrigé raisonné du même ouvrage, avec *remarques*, notes, etc. (*Partie du maître*). In-12, cartonné. 1 fr. 50 c.

Traité complet de l'accord du participe passé (deux règles ayant chacune une seule exception), avec de nombreux exemples raisonnés, etc. In-8°, 4e édition. 60 c.

Analyse grammaticale simplifiée et raisonnée, avec modèles d'analyses et exercices. In-12, cartonné. 2 fr.

Cet ouvrage a, par décision de l'Académie française, mérité d'être déposé dans la bibliothèque de l'Institut ; — il a, en outre, été honoré d'un rapport très-favorable de la Société grammaticale, etc., etc.

Traité complet de l'emploi de la majuscule, de l'accent, du tiret ou trait-d'union, etc., etc. In-8°, 3e édition. 90 c.

Formation du pluriel dans les substantifs, renfermant tous les pluriels irréguliers. In-8, 3e édition. 30 c.

Formation du féminin dans les adjectifs, exposant la manière de former le féminin des adjectifs en *eur*, et renfermant tous les adjectifs irréguliers. In-8°, 3e édition. 40 c.

Formation du pluriel dans les adjectifs, renfermant la manière de former le pluriel de tous les adjectifs en *al*. In-8°, 3e éd. 30 c.

Chronologie des rois de France, présentant en 15 tableaux d'un siècle chacun, la date d'avénement et de mort des rois de France, leur filiation, et un aperçu de leurs règnes. In-8°, NOUVELLE ÉDITION. 50 c.

Aperçu chronologique de l'histoire d'Angleterre, comparée à la chronologie des rois de France, présentant, outre la date d'avénement et de mort des rois d'Angleterre, le nom de leurs femmes, et un abrégé succinct de leurs règnes, etc. In-8°. 1 fr. 25 c.

Tableau de l'Histoire politique des Juifs, siècle par siècle, d'après l'Art de vérifier les dates. Une feuille colombier, coloriée. 1 fr. 50 c.

SOUS PRESSE :

Suite du Cours complet d'orthographe et de Langue française. — Exercices sur toutes les difficultés.

Principes raisonnés de ponctuation.

Aperçu chronologique de l'histoire d'Allemagne comparée à la chronologie des rois de France.

Paris. — Imprimé par E. Thunot et Ce, rue Racine, 26.

COURS COMPLET D'ORTHOGRAPHE.

PARTICIPES. — *(Faisant partie du 3e degré.)*

L'ORTHOGRAPHE
DU PARTICIPE

ENSEIGNÉE PAR LA PRATIQUE

et au moyen de deux règles seulement

AUX ENFANTS DE 9 A 12 ANS.

RECUEIL

de plus de 140 dictées présentant, dans un ordre méthodique,
toutes les difficultés qu'offre l'accord du participe.

PAR Mme CHARRIER-BOBLET.

L'UNE DES FONDATRICES DU COURS D'ÉMULATION;

Auteur de l'Orthographe d'usage enseignée par la pratique aux enfants
de 5 à 7 ans; — l'Orthographe enseignée par la pratique aux enfants de 7 à 9 ans,
ouvrage AUTORISÉ PAR L'UNIVERSITÉ; — Chronologie
des rois de France; — Aperçu chronologique de l'histoire d'Angleterre, etc.

PARTIE DE L'ÉLÈVE.
I.

PARIS.

A LA LIBRAIRIE CLASSIQUE
DE Mme Ve MAIRE-NYON, QUAI CONTI, 13.

AVIS ESSENTIEL.

Beaucoup de dictées de participes ont été publiées déjà, et néanmoins nous en offrons au public un nouveau recueil, non-seulement parce qu'il était indispensable à notre Cours complet d'orthographe, mais aussi, mais surtout, parce qu'il nous a semblé que nous pouvions faire quelque chose de plus complet, de plus méthodique, de plus utile que ce qui existe, quelque chose d'entièrement neuf sur cette matière, et que nous pensions ainsi rendre quelque service pour l'enseignement de cette partie si délicate de notre orthographe 1° en mettant les jeunes élèves à même de résoudre, au moyen de *deux règles seulement*, toutes les difficultés qu'offre l'accord du participe ; 2° en plaçant dans notre livre les exemples avec une gradation plus méthodique encore que celle qu'on a observée jusqu'ici dans les ouvrages élémentaires; 3° enfin, en y remplaçant la cacographie si dangereuse par un procédé qui en offre les avantages sans en avoir les inconvénients, par l'indication d'un son au moyen d'un chiffre conventionnel, par la chiffration-phonique enfin.

En effet, tous les ouvrages analogues à celui-ci présentent ou des participes correctement écrits, ou des participes dont l'orthographe est fautive : les premiers, et ce sont les meilleurs pourtant ! ne fournissent pas assez d'éléments au travail de l'intelligence, aussi évite-t-on, et judicieusement, de les placer sous les yeux de l'élève; ils sont un recueil de dictées à l'usage du maître, et voilà tout : — quant à ceux où l'orthographe du participe est incorrecte, et qu'on met généralement dans les mains des élèves, ils laissent nécessairement dans la mémoire des impressions fausses qui s'y gravent d'autant plus profondément que la mémoire est plus sûre, et sont une cause d'hésitations qui subsistent toujours !

Nous obvions dans notre ouvrage à ces deux inconvénients si graves au moyen de la chiffration-phonique, moyen qu'a sanctionné l'UNIVERSITÉ DE FRANCE lorsqu'elle a honoré de son **AUTORISA-TION** notre ORTHOGRAPHE ENSEIGNÉE PAR LA PRATIQUE, où nous en avons fait usage pour la première fois.

Pour tirer de l'emploi de notre recueil tout le fruit que nous en espérons, on devra mettre ce VOLUME-CI dans les mains des élèves; et par la manière dont nous y avons simplifié leur tâche, nous pensons qu'il les fera triompher en peu de temps de la difficulté, puisque toute leur puissance d'attention y est concentrée sur un seul point de notre orthographe : or, voici comment la tâche est simplifiée.

En principe, le participe doit être jugé d'après une première règle quand il est employé avec un mot du verbe être, d'après une seconde règle lorsqu'il est combiné avec un mot du verbe avoir; ces deux règles se trouvent dans notre volume, suivies de très-nombreuses applications : — nous y avons toujours imprimé en *italique* l'auxiliaire *être* ou *avoir*, avec lequel le participe est employé , — et en CAPITALE chaque commencement de PARTICIPE, dont la fin, la terminaison É, I, U, etc., est indiquée par un chiffre (*) : l'élève devra donc seulement voir si le participe qu'il veut écrire doit être jugé par la règle 1re ou par la règle 2e ; — rechercher quel mot est le *sujet* du verbe *être*, — ou le *complément* du verbe *avoir* ; — et remplacer le chiffre qui termine le participe par les lettres que l'application de la règle exigera : = mais , nous ne saurions trop le lui recommander, il devra *toujours* avant d'écrire un participe , se faire la question indiquée page 34, afin de reconnaître sûrement quel mot est le sujet du verbe être, — ou page 44, pour distinguer quel est le complément du verbe avoir (**). Toute difficulté d'accord du participe disparaît pour celui qui prend habituellement ce soin , et celui qui le néglige marche toujours au hasard.

Si l'auxiliaire est sous-entendu (***) la tâche de l'élève est un peu plus laborieuse, mais l'habitude qu'il se sera faite de vaincre par le raisonnement des difficultés moindres le fera triompher de plus grandes, et lui permettra le plus souvent de se rendre compte

---

(*) L'explication ou la clef de ces chiffres est donnée à chaque page.

(**) Nous avons imprimé en italique dans le CORRIGÉ ce *sujet* ou ce *complément* avec lequel le participe doit s'accorder.

(***) Les professeurs trouveront dans le CORRIGÉ toutes les ellipses rétablies ; — ils y trouveront en outre quelques remarques utiles parfois au *professeur*, si elles ne sont point indispensables à l'élève ; — enfin des notes assez fréquentes, qui éclaircissent les sens obscurs ou douteux.

des ellipses, sans avoir besoin de recourir au CORRIGÉ, où du reste il les trouverait toutes rétablies.

Enfin, nous dirons ici aux élèves ce que nous disons ailleurs au maître : La nécessité de réunir un nombre considérable d'exemples et de présenter le plus fréquemment possible les cas les plus difficiles nous a entraînée dans un inconvénient que nous avons bien reconnu, mais que nous n'avons pas su éviter toujours ; nos dictées sont loin d'avoir toutes le degré d'intérêt que nous y aurions voulu mettre, quelques phrases paraîtront bizarres, incohérentes peut-être : mais, nous l'espérons du moins, si l'on se place au point de vue spécial que nous avons embrassé, on trouvera que toutes tendent directement au but, que toutes doivent rendre l'élève de plus en plus maître de la difficulté qu'il a entrepris de vaincre, que toutes par conséquent ont un degré réel d'utilité.

Puisse le succès de ce recueil nous prouver que nous ne nous sommes point trompée dans l'espoir que nous avons conçu d'avoir rendu un nouveau service à l'enseignement de notre orthographe ! — Puissions-nous enfin recueillir pour notre nouveau livre la récompense que nous ambitionnons le plus, l'accueil bienveillant, les marques de sympathie par lesquelles le corps enseignant a honoré les autres parties de notre COURS COMPLET D'ORTHOGRAPHE !

PREMIÈRE SECTION.

PARTIE ÉLÉMENTAIRE

Pour les Enfants de neuf à dix ans.

PARTIE DE L'ÉLÈVE.

L'ORTHOGRAPHE

DU PARTICIPE

ENSEIGNÉE PAR LA PRATIQUE.

PREMIÈRE SECTION.

PARTIE ÉLÉMENTAIRE, POUR LES ENFANTS DE NEUF A DIX ANS.

INTRODUCTION.

Dans cette phrase :

La femme forte *est* VÊTUE magnifiquement des étoffes qu'elle *a* FILÉES et TISSÉES par ses doigts,

on trouve les trois participes : *vêtue, filées, tissées*. Le premier, *vêtue,* est employé avec *est,* mot du verbe être ; — et le second, *filées,* est employé avec *a,* mot du verbe avoir ; — quant au troisième, le participe *tissées,* on ne voit devant lui aucun mot ni du verbe être ni du verbe avoir, mais il y a un mot du verbe avoir sous-entendu, puisque le sens est : des étoffes qu'elle a filées, et *qu'elle a* tissées.

La phrase : *La femme forte est,* etc., renferme en elle les différentes manières dont le participe peut être employé ; or on peut en conclure que :

PRINCIPE. — *Le participe passé est nécessairement employé avec un mot du verbe* ÊTRE *ou avec un mot du verbe* AVOIR, — *mot exprimé ou sous-entendu.*

De ce principe découlent deux règles.

RÈGLE I.

§ 1 ᵉ.— Du participe passé employé avec un mot du verbe Être.

PHRASE-TYPE. Tous les **maux** (*sujet*) *sont* **venus** de la triste Pandore.

Le participe passé employé avec un mot du verbe **être** (exprimé ou sous-entendu) s'accorde toujours en genre et en nombre avec le **sujet** (*a*) du verbe être.

NOTA. *Dans les dictées qui vont suivre nous imprimerons toujours en* CAPITALE *le* PARTICIPE, — *et en italique le mot du verbe être* (ou *du verbe* avoir) *avec lequel le participe est employé.*

Clef : Nº 5, son É, écrit par *é*, —— ou *ée*, —— ou *és*, —— ou *ées*.

1ʳᵉ DICTÉE.

Dans toutes les dictées que renferme ce volume l'élève devra ou écrire en entier le participe dont nous ne donnons que le commencement ; — ou 2º remplacer les chiffres qui terminent les participes par les lettres qu'exigent le son et l'accord (nous donnons à chaque page la clef de ces chiffres); — 3º chercher toujours quel est le sujet du verbe être, lorsque le participe est employé avec être, et mettre un S sous ce sujet (*), — (ou *mettre C sous le complément d'avoir*).

Lorsque Dieu créa le ciel et la terre, la terre *était* d'abord toute COUVER.. (participe de *couvrir*) d'eau, et les eaux *étaient* ENVIRONN-5 de ténèbres : Dieu dit : Que la lumière soit ! et la lumière *fut* CRÉ-5. Ensuite la lumière *fut* SÉPAR-5 d'avec les ténèbres; la lumière *fut* NOMM-5 jour, et les ténèbres *furent* APPEL-5 nuit.

(*a*) Le sujet du verbe est le substantif ou le pronom auquel le mot du verbe est ajouté.

(*) On trouvera le sujet imprimé en *italique* dans le **CORRIGÉ**.

Clef :	N° 5, son É, écrit par *é*, —— ou *ée*, —— ou *és*, —— ou *ées*.
	N° 9, son I, écrit par *i*, —— ou *ie*, —— ou *is*, —— ou *ies*.
	N° 12, son U, écrit par *u*, —— ou *ue*, —— ou *us*, —— ou *ues*.

Les Francs *sont* DEVEN-12 maîtres de la Gaule dans le 5e siècle de notre ère.

Octavie, qu'*est* DEVEN-12 la boîte de conserves qui t'*avait été* (*b*) DONN-5 par ta tante? — Maman, elle *a été* VID-5 par mes cousins, Jeudi, au moment même où elle m'*a été* APPORT-5.

Au grand jour du Jugement, les crimes—(*c*) qui *sont* maintenant les plus CACH-5—*seront* RÉVÉL-5; alors toutes les fautes *seront* PUN-9, mais aussi toutes les bonnes actions *seront* RÉCOMPENS-5.

Les Israélites *furent* GOUVERN-5 pendant quarante ans par Moïse.

2e DICTÉE.

Le premier homme, Adam, *fut* FORM-5 du limon de la terre; la première femme, Ève, *fut* FORM-5 d'une côte d'Adam; et tous les deux *furent* CRÉ-5 justes et immortels : ils *furent* PLAC-5 par le Seigneur dans le Paradis-Terrestre.

La France *a été* GOUVERN-5 soixante-douze ans par Louis XIV.

C'est là que la faim *est* RASSASI-5, que la nudité *est* REVÊT-12, que l'infirmité *est* GUÉR-9, que l'affliction *est* CONSOL-5, que l'ignorance *est* INSTRUI.. (participe d'*instruire*.

FLÉCHIER. *Oraisons funèbres.*

Lorsque l'âme *est* AGIT-5, la face humaine devient un

(*b*) *A été, avais été, eût été, aura été,* etc., etc., doivent être considérés comme des mots du verbe être.

(*c*) Voir au **CORRIGÉ**, note page 5, une remarque utile.

Nᵒ 5, son É. ——— Nᵒ 9, son I. ——— Nᵒ 12, son U.

tableau vivant où les passions *sont* REND-12 avec autant de délicatesse que d'énergie, où chaque mouvement de l'âme *est* EXPRIM-5 par un trait.

BUFFON.

O ma sœur, pourquoi *es*-tu VEN-12 me détourner de mon projet ? *As*-tu *été* GUID-5 par la pitié en venant près de moi ? — Ingrate Amélie, si tu *avais été* PERD-12 dans le vide du monde tu n'*aurais* pas *été* ABANDONN-5 de moi.

Voyez cette belle, cette brillante étoile ! elle *a été* CRÉ-5 par notre père céleste ; que nos actions de grâces lui *soient* REND-12 !

3ᵉ DICTÉE.

Le mot du verbe *être* et son *sujet* sont souvent sous-entendus (*) ;—l'élève devra le rétablir, en esprit au moins, puisque c'est avec le *sujet* que le participe employé avec *être* doit s'accorder.

A peine les tiges du chanvre *sont*-elles ENLEV-5 au sol qu'on les met rouir, ou se macérer dans l'eau, jusqu'à ce qu'elles *soient* DEVEN-12 molles ; puis après qu'elles *ont été* RETIR-5 et suffisamment SÉCH-5 (*), elles *sont* TEILL-5 ou BROY-5.

A qui *est* DESTIN-5 cette robe de chambre si mal TOURN-5 ? Par qui *a-t*-elle *été* COUP-5, COUS-12, VEND-12 et APPORT-5 ?

Autrefois, toutes les rues — qui devaient *être* PARCOUR-12 par la procession du Saint-Sacrement — *étaient* JONCH-5 de roses fraîches CUEILL-9 et EFFEUILL-5.

Les Kabyles — HABITU-5 à se soustraire à leurs ennemis par la rapidité de leur fuite — *furent* ATTAQU-5 avec impétuosité par nos braves soldats ; ils *furent*

(*) Lorsque le mot du verbe *être* et son *sujet* seront sous-entendus on trouvera ces ellipses rétablies dans le CORRIGÉ.

N° 5, son £. —— N° 9, son ı. —— N° 12, son u.

POURSUIV-9, ATTEIN.. (participe d'*atteindre*) dans leurs retraites qu'ils croyaient inaccessibles; enfin ils *furent* VAINC-12, DÉSARM-5 par le vainqueur, et FORC-5 par lui de se reconnaître tributaires de la France.

Les forêts de la Louisiane *sont* PEUPL-5, RÉCRÉ-5, et EMBELL-9 par une multitude d'oiseaux-mouches; beaucoup d'autres oiseaux au plumage éclatant y *ont été* V-12 par tous nos voyageurs.

4ᵉ DICTÉE.

Une voix crie dans le désert : « Préparez la voie du Seigneur, rendez droits et unis les sentiers de notre Dieu. » Toutes les vallées *seront* COMBL-5; toutes les montagnes et les collines *seront* ABAISS-5; les chemins tortus *seront* REDRESS-5, et ceux — qui étaient raboteux — *seront* APLAN-9.

ISAÏE. *Évangile.*

Après leur désobéissance nos premiers parents *furent* CHASS-5 du Paradis-Terrestre; dès lors ils *furent* ABANDONN-5 à la malice de leur cœur, de ce cœur humain dont toutes les pensées *sont* TOURN-5 vers le mal.

Les maisons du Caire diffèrent de celles des autres villes de l'Orient; les ornements y *sont* entièrement RÉSERV-5 pour l'intérieur et pour les cours, dont plusieurs *sont* PAV-5 de marbre, et ORN-5 de bassins.

Une jeune baleine *est* VEN-12 récemment des mers GLAC-5 qui avoisinent le pôle jusqu'à l'embouchure de la Seine, où elle *a été* HARPONN-5, et ATTIR-5 sur la côte.

Zoé *est* REMPL-9 de mérite et de grâce; elle *est* AIM-5 de tous ceux qui la connaissent, elle *est* ESTIM-5 et ADMIR-5 de tous.

Louise *est* RÉCRÉ-5 chaque matin par le chant des oiseaux.

5ᵉ DICTÉE.

Voyez ces plages désertes, ces tristes contrées où l'homme n'*a* jamais *été* V-12, COUVER.. (participe de *couvrir*), ou plutôt HÉRISS-5 de bois épais et noirs dans toutes les parties ÉLEV-5 : des arbres sans écorce et sans cime, COURB-5, ROMP-12, tombant de vétusté; d'autres, gisant au pied des premiers, pour pourrir sur des monceaux déjà POURR-9, étouffent, ensevelissent les germes prêts à éclore. La terre SURCHARG-5 par le poids, SURMONT-5 par les débris de ses productions, n'offre, au lieu d'une verdure florissante, qu'un espace ENCOMBR-5, TRAVERS-5 de vieux arbres CHARG-5 de plantes parasites, de lichens, d'agarics, fruits impurs de la corruption. Dans toutes les parties basses des eaux mortes, croupissantes faute d'*être* CONDUI.. (participe de *conduire*) et DIRIG-5.

Entre ces marais infects qui occupent les lieux bas et les forêts décrépites qui couvrent les terres ÉLEV-5 s'étendent des espèces de landes, de savanes : ce n'est point ce gazon fin, cette pelouse ÉMAILL-5; ce sont des végétaux agrestes, des herbes dures, épineuses, ENTRELAC-5 les unes dans les autres.

BUFFON. *Hist. naturelle.*

SUPPOS-5 plus jeunes de quarante ans, ces vieilles sibylles VÊT-12 de rose paraîtraient déjà ridicules.

C'est par le motif seul que *sont* ENNOBL-9 les actions quelles qu'elles soient.

6ᵉ DICTÉE.

Qu'elle est belle cette nature CULTIV-5! que par les soins de l'homme elle est brillante et pompeusement PAR-5!

Nº 5, son É. — Nº 9, son ı. — Nº 12, son υ.

Que de trésors CACH-5! Que de richesses nouvelles! Les fleurs, les fruits, les grains PERFECTIONN-5 à l'infini; les espèces utiles d'animaux TRANSPORT-5, PROPAG-5, AUGMENT-5 sans nombre; les espèces nuisibles CONFIN-5, RELÉGU-5 : l'or, et le fer plus nécessaire que l'or, TIR-5 des entrailles de la terre; les torrents CONTEN-12, les fleuves DIRIG-5, RESSERR-5; la mer RECONN-12, TRAVERS-5 d'un hémisphère à l'autre; la terre accessible partout, partout REND-12 aussi vivante que féconde : les collines CHARG-5 de vignes et de fruits, leurs sommets COURONN-5 d'arbres utiles et de jeunes forêts; les déserts DEVEN-12 des cités : des routes OUVER.. (participe d'*ouvrir*) et FRÉQUENT-5; des communications ÉTABL-9 partout : mille autres monuments de puissance démontrent que l'homme partage avec la nature l'empire de la terre.

BUFFON. *Hist. naturelle.*

PASS-5 (*) auprès de ses parents, que les soirées *sont* rapidement ÉCOUL-5! bonne mère, ta fille voudrait *être* ASSUR-5 de passer toutes les siennes auprès de toi!

§ 2. — **Du participe passé employé avec un mot du verbe** *avoir*.

C'est toujours avec le COMPLÉMENT (*d*) *du verbe qu'on peut accorder un participe passé employé avec un mot du verbe* AVOIR.

Mais :

1° *Le participe passé employé avec un mot du verbe avoir*

(*d*) Le complément du verbe est toujours le substantif ou le pronom qui répond à la question *qui?* ou *quoi?* faite — après le verbe et le participe — en cette sorte : Elle a ri *qui ou quoi?* — J'ai dompté *qui ou quoi?* — Je n'ai pas détruit *qui ou quoi?*

(*) Voir au **CORRIGÉ.**

1.

*s'écrit toujours au masculin singulier, quand le com-
plément du verbe n'est point exprimé du tout.*

Or quand on écrit : Vous riez. — Écrivez qu'elle *a* ri (c—), on doit
laisser le participe *ri* au masculin singulier, parce qu'il est employé
avec un mot du verbe *avoir*, et qu'il n'y a pas dans la phrase de
complément exprimé pour le verbe *a ri* (e).

N° 5, son É.   ——   N° 9, son I.   ——   N° 12, son U.

7ᵉ DICTÉE.

Mettre *toujours* (c—) après le participe employé avec avoir lorsque le complément du verbe ne sera point exprimé ; — et dans ce cas écrire toujours le
participe au masculin singulier.

Sous la conduite de Moïse, les Israélites *ont* ERR—5
quarante ans dans le désert.

Croirais-tu, bonne mère, que mes cousines *ont* RÉ-
SIST—5 hier à leur institutrice?

Des mouches *ont* BOURDONN—5 près de nos oreilles, et
des grenouilles *ont* COASS—5 toute la nuit; — nous n'*avons*
ni l'une ni l'autre DORM—9 une heure de suite.

Les Perses, les Grecs, les Romains *ont* DISPAR—12 de
la terre; et les Juifs, petit peuple dont l'origine précéda
celle de ces grands peuples, leur *ont* SURVÉC—12 : ils exis-
tent encore sans mélange dans les décombres de leur
patrie.
Imité de CHATEAUBRIAND. Itinéraire.

Où la mouche *a* PASS—5 le moucheron demeure.
LA FONTAINE. Fables.

L'aïeule de Clarisse *a* SUCCOMB—5 hier aux souffrances
aiguës qui la minaient; elle *avait* TEST—5 depuis deux ans :

(e) Le mot du verbe avoir et le participe qui le suit doivent en général être
considérés comme un seul mot, un mot-verbe.

Nº 5, son É.　　——　　Nº 9, son I.　　——　　Nº 12, son U.

les biens dont elle *a* DISPOS-5 en faveur de ses neveux *ont* PAR-12 immenses.

Déjà sur le Wéser nos foudres *ont* GROND-5.

DELILLE. La Conversation.

8ᵉ DICTÉE.

Dans le désert, les Israélites *ont* VÉC-12 quarante ans de la manne que Dieu faisait tomber du ciel ; et malgré ces preuves si constantes de la protection du Seigneur ils *ont* PERSIST-5 dans leur esprit de révolte !

La corbeille à la main, la sage ménagère
A peine *a* REPAR-12 (dans la ferme) ; la nation légère
Du sommet de ses tours, du penchant de ses toits,
En tourbillons bruyants descend toute à la fois.

DELILLE. Les Jardins.

Tous les anciens peuples du monde *ont* DISPAR-12, la plupart avec leurs lois, les autres avec leur histoire ; la législation de Moïse *a* seule RÉSIST-5 au temps et aux révolutions.

CAYX. Hist. ancienne.

Les lions *ont* RUG-9, les loups *ont* HURL-5, les vaches *ont* BEUGL-5, les bœufs *ont* MUG-9, les renards *ont* GLAP-9, les chiens *ont* ABOY-5 !... Toutes nos dames *ont* FRÉM-9 (*c*—) !

La liqueur provenant du raisin ne peut *être* APPEL-5 vin que lorsqu'elle *a* FERMENT-5.

———

2° *Le participe passé employé avec un mot du verbe avoir s'écrit toujours au masculin singulier quand le complément du verbe est placé après le participe.*

Or, quand on écrit : *J'ai* DOMPTÉ la NATURE, on doit laisser le participe *dompté* au masculin singulier parce qu'il est employé avec un mot du verbe avoir, et que le substantif *nature* complément du verbe *j'ai dompté* est placé après le participe *dompté*.

No 5, son É. —— No 12, son U.

9ᵉ DICTÉE.

Mettre un C sous le substantif ou le pronom complément du mot-verbe formé avec le participe ; = pour reconnaître ce complément (*) se faire la question : Les Français *ont détruit qui* ou *quoi ?* — elles *ont achevé qui* ou *quoi ?*

Les Français de la Louisiane *ont* entièrement DÉTRUI.. (participe de *détruire*) la grande nation des Natchez.

GUSTAVE DE BEAUMONT. *Marie.*

Elles *ont* ACHEV-5 leurs fraîches matinées,
Jeune fille, et jeune fleur.

CHATEAUBRIAND.

Tu m'*as* LAISS-5 la vie afin qu'elle te serve.

CORNEILLE.

On trouvera désormais des participes employés avec ô're (or s'accordant avec le sujet d'être). — et des participes employés avec avoir (or ne pouvant s'accorder qu'avec un complément).

Jusqu'à présent, j'*ai* PUBLI-5 les justices du Très-Haut dans des temples COUVER.. (participe de *couvrir*) de chaume ; j'*ai* PRÊCH-5 les rigueurs de la pénitence à des infortunés qui manquaient de pain ; j'*ai* ANNONC-5 aux bons habitants des campagnes les vérités les plus effrayantes de la religion, j'*ai* CONTRIST-5 les pauvres, les amis de mon Dieu ; j'*ai* PORT-5 l'épouvante et la douleur dans ces âmes simples et fidèles que j'*aurais* D-12 plaindre et consoler.

Le missionnaire BRIDAINE.

Dieu *a* CRÉ-5 guérissables les nations de la terre.

ÉCRITURE-SAINTE.

Alexandre-le-Grand *a* REND-12 sa mémoire illustre.

(*) Ce complément est toujours imprimé en *italique* dans le CORRIGÉ.

N° 5, son É.   ——   N° 9, son I.   ——   N° 12, son U.

Dieu bénit les enfants qui n'*ont* jamais TROMP-5 leur mère, et qui *ont* toujours ACCOMPL-9 avec joie tous leurs devoirs; ils *ont* MÉRIT-5 une couronne dans le ciel.

10ᵉ DICTÉE.

Jusqu'à quand, dit le prophète Jérémie, jusqu'à quand verrai-je des hommes qui fuient? jusqu'à quand entendrai-je le bruit des trompettes?

J'*ai* REGARD-5 la terre, et je n'y *ai* TROUV-5 qu'un vide et un néant; j'*ai* CONSIDÉR-5 les cieux, et ils étaient sans lumière :

J'*ai* V-12 les montagnes, et elles tremblaient; j'*ai* V-12 les collines, et elles *étaient* ÉBRANL-5 :

J'*ai* JET-5 les yeux de toutes parts, et je n'*ai* point TROUV-5 d'hommes, et tous les oiseaux même du ciel *avaient* QUITT-5 leurs demeures :

J'*ai* V-12 les campagnes les plus fertiles CHANG-5 en un désert, et toutes les villes DÉTRUI.. (participe de *détruire*) devant la face du Seigneur.

JÉRÉMIE. Bible.

Malheur à celui qui — *ayant* L-12 ces paroles du prophète, — n'*aurait* point TREMBL-5 de crainte !

Que dirons-nous de Coulanges? n'est-ce point le plus joli homme du monde? j'*ai* L-12 sa lettre.. en pâmant de rire.

Madame de SÉVIGNÉ.

... Pour venger ses douleurs,
Orphée *a*, sur sa tête, ATTIR-5 ses malheurs.

Il lui *a* D-9 (à l'Avare) qu'en se promenant sur le port avec son fils, hi! hi! hi! hi! ils *avaient* V-12 une galère turque.

MOLIÈRE. L'Avare.

Mais quand on écrit : J'ai dompté la nature et ne l'ai pas DÉTRUITE, on écrit au féminin singulier le participe *détruite*, — et cela parce qu'il est employé avec un mot du verbe avoir, et que le pronom *l'* (pour *la* fém. sing.) qui est le complément du verbe *n'ai pas détruit* est placé avant le participe *détruite*.

On peut dès lors comprendre parfaitement la

RÈGLE II.

Accord du participe passé employé avec un mot du verbe *avoir*.

PHRASES-TYPES. Vous riez. — Écrivez qu'elle *a* **ri** (*c—*). = J'*ai* **dompté** la **nature** (*complément*) et ne **l'** (*complément*) *ai* pas **détruite**.

Le participe passé employé avec un mot du verbe **avoir** (exprimé ou sous-entendu) s'accorde en genre et en nombre avec le **complément** du verbe, toutes les fois que ce complément est placé avant le participe. ·

N° 5, son É.

11ᵉ DICTÉE.

Mettre toujours un C sous le substantif ou le pronom complément.

Quelle récompense *avez*-vous MÉRIT-5, Arsène ?

Quelle grandeur Socrate *a* DÉPLOY-5 dans ses derniers moments !

Dieu nous *a* DESTIN-5 au ciel.

L'âne reconnaît les lieux qu'il *a* HABIT-5 et les chemins qu'il *a* FRÉQUENT-5.

Nous *avons* MANG-5 tous nos bonbons : ma grand'mère

nous les *avait* APPORT-5 hier ; elle nous les *avait* DISTRI-BU-5, à mes frères et à moi, et elle nous *avait* RECOM-MAND-5 de n'en point faire de reliques ; nous *avons* PRO-FIT-5 de l'avis : précisément nos cousins *sont* VEN-12 passer la soirée avec nous, nous leur *avons* OUVER.. (participe d'*ouvrir*) nos boîtes, et ils nous *ont* AID-5 de leur mieux.

Dieu *avait* CRÉ-5 l'homme et la femme justes et immortels ; il les *avait* REMPL-9 d'intelligence, leurs cœurs *étaient* ÉCLAIR-5 par sa lumière.

Dès que Lucile *a* V-12 la mer, elle *a* REMARQU-5 les deux mouvements que Dieu lui *a* IMPRIM-5, le flux et le reflux ; et elle en *a* DEMAND-5 la cause.

J'erre sur les hauts lieux où l'on entend gémir
Toute chose CRÉ-5.

VICTOR HUGO.

12ᵉ DICTÉE.

Mes sœurs *ont* MANG-5 deux excellentes meringues que ma tante leur *avait* APPORT-5, quelle est la pâtissière qui les lui *avait* VEND-12 ?

Quels sont les maux que tu *as* SOUFFER.. (participe de *souffrir*) ? Montre-moi les blessures que tu *as* REÇ-12 ?

J'*ai* SOUFF... (participe de *souffrir*) la faim et la soif, et j'*ai* REÇ-12 la pluie, une pluie à verse, après laquelle j'*ai* SENT-9 mes habits INOND-5.

Les bois — qu'on *a* COUP-5 dans le centre de la France — m'*avaient* PAR-12 fort beaux, lorsque j'*ai* TRAVERS-5 les provinces où ils *étaient* SITU-5 ; on *a* bien NU-9 à notre pays quand on les *a* COUP-5 !

Les Francs *étaient* encore PLONG-5 dans les ténèbres

de l'idolâtrie lorsqu'ils *ont* ENVAH-9 la Gaule, Clovis est le premier roi chrétien qui l'*ait* GOUVERN-5.

Parfois, en Amérique, nous *avons* V-12 les airs OBSCURC-9 par une multitude d'oiseaux-mouches qui voltigeaient au-dessus de nos têtes.

J'*ai* CAUS-5 longtemps ce matin avec des architectes; ils m'*ont* EXPLIQU-5 dans leurs moindres détails les restaurations COMMENC-5 à la Sainte-Chapelle, cette délicieuse petite église gothique, qui *a été* BÂT-9 par saint Louis, et où l'on *a* DÉPOS-5 les précieuses reliques que sa piété profonde *avait* RECUEILL-9.

13e DICTÉE.

Après *avoir* ENTEND-12 la lecture des Annales, Assuérus demanda : « Quelle récompense Mardochée *a-t-il* OBTEN-12 pour sa fidélité? » ses serviteurs dirent : « Il n'*a* REÇ-12 aucune récompense. »

DE GENOUDE. *Bible.*

Lors de la première croisade, les Chrétiens *sont* ENTR-5 dans Jérusalem un Vendredi, à trois heures du soir ; IRRIT-5 par les menaces et les longues insultes des Sarrasins, AIGR-9 par les maux qu'ils *avaient* SOUFF.. (participe de *souffrir*) pendant le siège, et par la résistance qu'ils *avaient* TROUV-5 jusque dans la ville, ils l'*ont* REMPL-9 de sang et de deuil.

Imité de MICHAUD. *Hist. des Croisades.*

Nous *avons* ACHET-5 deux jolies poupées ; les deux poupées—que nous *avons* ACHET-5 — nous *ont* fort RÉCRÉ-5 (disent Alix et Claire) : nous les *avons* HABILL-5 nous-mêmes, et elles nous *ont* PAR-12 bien plus belles encore que nous ne les *avions* TROUV-5 en les achetant.

Nos fermiers *ont* CHASS-5 hier, et ils *ont* TU-5 deux

No 5, son É. —— No 9, son I. —— No 12, son U.

lapereaux : ils *ont* INVIT-5 trois chasseurs à dîner avec eux ; ces convives AFFAM-5 *ont* MANG-5 comme quatre ; mais ils *ont* LAISS-5 deux perdreaux et un levraut en indemnité, *ont*-ils D-9, des deux lapereaux qu'ils *avaient* DÉVOR-5.

Ils méritent notre estime ceux qui n'*ont* jamais MENT-9.

14e DICTÉE.

Dieu par sa sagesse *a* FORM-5 tous ses ouvrages : il *a* DISTINGU-5 les parties du monde aussitôt après les *avoir* CRÉ-5 ; il les *a* ORN-5, et leur *a* IMPRIM-5 un mouvement qui *a* toujours CONTINU-5 sans interruption. Après cela, Dieu *a* REGARD-5 la terre, et l'*a* REMPL-9 de ses biens : il l'*a* COUV.. (participe de *couvrir*) d'animaux qui retournent dans la poussière d'où ils *ont été* TIR-5 : il *a* CRÉ-5 l'homme du limon de la terre ; il *a* FORM-5 de sa substance une aide semblable à lui, la femme ; il leur *a* DONN-5 la raison, il les *a* REMPL-9 de la lumière de l'intelligence : leurs voies lui sont toujours présentes, et jamais elles n'*ont été* CACH-5 à ses yeux : les lois—qui leur *ont été* PRESCR.. (participe de *prescrire*) — n'*ont* point *été* OBSCURC-9 par leurs offenses, et Dieu *a* V-12 toutes leurs iniquités ; il s'élèvera enfin, et il rendra à chacun la récompense qu'il *aura* MÉRIT-5.

ECCLÉSIASTIQUE.

...... Elle était du monde, où les plus belles choses
        Ont le pire destin ;
Et, rose, elle *a* VÉC-12 ce que vivent les roses,
        L'espace d'un matin !

MALHERBE.

Quand on dit : Calypso, tu t'*es* **trahie** toi-même, on veut dire : Calypso, tu *as* TOI **trahie.**

On dit également :

Je me suis *fait* mal (*),	pour : j'*ai* FAIT *mal* à moi (*);
(Adèle), tu t'es *enfuie*,	— tu *as* TOI ENFUIE ;
ou tu t'es *plu* ici,	— tu *as* PLU (c—) à toi ici ;
elle s'est *blessée*,	— elle *a* SOI BLESSÉE ;
ou Pauline s'est *démis* l'épaule,	— Pauline *a* DÉMIS l'*épaule* à soi ;
nous nous sommes *endormis*,	— nous *avons* NOUS ENDORMIS ;
ou nous nous sommes *nui,*	— nous *avons* NUI (c—) à nous ;
vous vous êtes *rencontrés*,	— vous *avez* VOUS RENCONTRÉS ;
ou vous vous êtes *parlé,*	— vous *avez* PARLÉ (c—) à vous ;
ils se sont *amusés*,	— ils *ont* SOI AMUSÉS ;
ou ces dames se sont *souri*,	— ces dames *ont* SOURI (c—) à soi.

REMARQUE. *Toutes les fois que devant un mot du verbe* ÊTRE *on voit :* JE ME, — TU TE, — IL SE *ou* ELLE SE, *ou un* SUBSTANTIF *suivi de* SE ; — NOUS NOUS, — VOUS VOUS, *le mot du verbe être est employé en place d'un mot du verbe avoir :*

Or le participe précédé de *je me suis, tu t'es, il s'est,* etc., doit être jugé d'après la règle 2ᵉ.

REMARQUE : *Les pronoms* ME, TE, SE, NOUS, VOUS, *placés avant un mot du verbe être employé en place d'avoir se traduisent quelquefois par* MOI ; TOI ; SOI ; NOUS ; VOUS :

Exemples :

(*) L'élève doit copier 1° chacune de ces phrases — et 2° la *traduction* qui est ici en regard ; = il suivra la même marche pour les devoirs analogues, écrivant toujours la traduction immédiatement après avoir écrit la phrase.

15ᵉ DICTÉE ou COPIE.

Faire la traduction des phrases de cette 15ᵉ dictée — et des sept suivantes — en écrivant en face la même pensée rendue au moyen d'un mot du verbe avoir ; ainsi qu'on l'a vu page précédente. = Après le second pronom (m.) indiquera qu'il est masculin , — (f.) qu'il est féminin.

Nota. Dans la traduction, mettre toujours *moi, toi, soi ; nous, vous* avant le participe.

TEXTE.	TRADUCTION (*).
On dit: je m' (f.) étais *décidée*, pour: j'	— elle
— elle s' (f.) est *étourdie*,	— elle
— tu te (f.) fus *récréée*,	— tu
— il se (m.) serait *contraint*,	— il
— elles se (f.) seront *plaintes*,	— elles
— nous nous (f.) serons *endormies*,	— nous
— Pauline et Léonce se (m.) sont *blessés*,	— Pauline et Léonce
— vos amies se (f.) fussent *parées*, si...	— vos amies
— vous vous (m) êtes *reconnus*,	— vous
— que je me (f.) sois *amusée*.	— que j'

REMARQUE : *D'autres fois les pronoms* ME, TE , SE, NOUS , VOUS, *placés avant un mot du verbe être employé en place d'avoir se traduisent par* A MOI ; A TOI ; A SOI, A LUI, A ELLE , A EUX , A ELLES ; A NOUS ; A VOUS.

Exemples :

16ᵉ DICTÉE ou COPIE.

Nota. Dans la traduction, mettre toujours *à moi, à toi, à soi ; à nous, à vous,* à la fin de la phrase.

TEXTE.	TRADUCTION.
On dit: je m' (f.) étais *nui*, pour : j'	
— elle s' (f.) est *déplu*,	— elle
— tu te (f.) fus *frappé* la tête,	— tu
— ils se (m.) scraient *ri*,	— ils
— elles se (f.) seront *survécu*,	— elles
— nous nous (f.) serons *parlé*,	— nous

(*) La traduction de toutes ces phrases se trouve dans le **CORRIGÉ.**

— Pauline et Léonce se (m.)   — Pauline et Léonce
    sont *entre-nui,*
— que vos amies se (f.) fussent   — que vos amies
    souri,
— vous vous (m.) êtes *plu,*   — vous
— que je me (f.) sois *complu* à,   — que j'

17ᵉ DICTÉE ou COPIE.

Renfermant, ainsi que la 18ᵉ dictée, des phrases où *me, te, se,* etc., doit se traduire par *moi, toi, soi,* etc., — et d'autres phrases où *me, te, se,* etc., doit se
traduire par *à moi, à toi, à soi,* etc.

NOTA. Dans cette 17ᵉ dictée le second pronom est toujours féminin.

TEXTE.	TRADUCTION.
On dit : je me suis *repentie,* pour : j'	
— je me suis *procuré* un livre, — j'	
— Alice, tu t'es *appliquée,* — tu	
— Lise, tu t'es *nui,* — tu	
— Céline s'est *frappé* la tête, — Céline	
— elle s'est *moquée* de,... — elle	
— nous nous (f. pl.) sommes — nous	
aperçues de,	
— nous nous sommes *fait* ce — nous	
cadeau,	
— vous vous (f. pl.) êtes *cal-* — vous	
mées promptement,	
— vous vous êtes *ri* de la dou- — vous	
leur,	
— elles se sont *appliquées,* — elles	
— elles se sont *entre-nui,* — elles	

18ᵉ DICTÉE ou COPIE.

TEXTE.	TRADUCTION.
On dit : ils se (m.) sont *succédé,* pour : ils	
— nous nous (f.) sommes *re-* — nous	
posées,	
— Adam et Ève se (m. pl.) sont — Adam et Ève	
cachés,	
— elles se (f.) sont *déplu,* — elles	
— je me (f.) serai *promenée,* — j'	
— vous vous (m. pl.) étiez — vous	
saisis des armes,	
— ils se (m.) furent *dissimulé* — ils	
leur antipathie,	

— Lucrèce s' (f.) est *donné* la — Lucrèce
    mort,

— nous nous (f. pl.) sommes — nous
    récréées,

— tu te (f.) seras *complu* dans, — tu

REMARQUE (application de la règle seconde) : *Lorsque le pronom* ME, TE, SE, NOUS, VOUS *placé avant un mot du verbe être — employé en place d'avoir — se doit traduire par* MOI, TOI, SOI, NOUS, VOUS, *le participe qui le suit s'accorde en genre et en nombre avec ce pronom (parce que ce pronom est le complément du verbe, et qu'il est placé avant le participe).*

. No 5, son É. —— No 9, son I. —— No 12, son U.

19ᵉ DICTÉE

TEXTE.	TRADUCTION.

On dit : Louise s'est *cr-12* malade, pour : Louise

— nous nous (m.) sommes — nous
    entr'aid-5,

— tu te (f.) serais *divert-9,* — tu

— maman se fut *repos-5,* — maman

— vous vous (m. pl.) seriez — vous
    instrui.. (participe d'*in-
    struire*),

— tu t' (f.) es *plain..* (parti- — tu
    cipe de *plaindre*) à tort,

— ces roses se sont *épanou-9,* — ces roses

— Clara s'était *sent-9* forte, — Clara

— nous nous (f. pl.) serons — nous
    entend-12 à demi-mot,

— je me (f.) suis *fortifi-5,* — j'

20ᵉ DICTÉE

TEXTE.	TRADUCTION.

On dit : ma tante s'était *décid-5* à, pour : ma tante

— vous vous (f. pl.) serez — vous
    aperç-12 de,

— elles se fussent *réveill-5.* — elles

— les malfaiteurs se sont *enfu-9,* — les malfaiteurs

No 4, son È. —— No 5, son É. —— No 9, son I. —— No 12, son U.

— vos sœurs se sont *pl*.. (participe de *plaindre*),	— vos sœurs
— ils se seront *garant*-9 de,	— ils
— nous nous (f. pl.) sommes *amend*-5,	— nous
— nous nous (m. pl.) fûmes *piqu*-5,	— nous
— nos tantes se seraient *rencontr*-5 ici,	— nos tantes
— quand je me (f.) serai *guér*-9,	— j'

REMARQUE. *Lorsque le pronom* ME, TE, SE, NOUS *ou* VOUS *placé avant un mot du verbe être — employé en place d'avoir — se doit traduire par* A MOI, A TOI, A SOI, A LUI, *etc.,* A NOUS, A VOUS, *le participe qui le suit ne s'accorde jamais avec lui (car il n'est point alors le complément du verbe).*

21· DICTÉE

Me, te, se, etc., devra s'y traduire parfois par *moi, toi, soi*, et parfois par *à moi, à toi, à soi*, etc.

TEXTE.	TRADUCTION.
On dit : nous nous (m. pl.) étions pour : nous *courrouc*-5 d'abord, et puis nous nous (m.) sommes *pardonn*-5 nos fautes ;	et puis nous
— les coupables se sont *trah*-9 mutuellement, et ils se (m.) sont *f*-4 quelques reproches ;	— les coupables et ils
— dès que nous nous (f.) sommes *aperç*-12 de notre erreur nous nous sommes *sour*-9,	— dès que nous nous
— vous vous (f. pl.) étiez bien *nu*-9, quand vous vous (f. pl.) étiez *li*-5 avec ces extravagantes ;	— vous quand vous

No 4, son È. —— No 5, son É. —— No 9, son ı. —— No 12, son v.

— je me (f.) serais *pl.*.(participe de *plaindre*)amèrement de vous si je m'étais *laiss*-5 aller à mon premier mouvement,

— j' amèrement de vous si j' aller à mon premier mouvement.

22ᵉ DICTÉE

TEXTE.	TRADUCTION.
On dit : dès que nous nous (f.) sommes *conn*-12, nous nous sommes *vou*-5 une amitié sincère ;	pour : dès que nous nous
— Lucile s'était *f*-4 heureusement un appui de principes sévères, et elle s'est toujours *montr*-5 conséquente à ses principes ;	— Lucile elle
— que d'hommes se sont *trouv*-5 peu dignes de leurs commencements ! que d'hommes se sont *compl*-12 dans la vanité après s'être *montr*-5 grands d'abord !	— que d'hommes — que d'hommes après
— mes sœurs se sont *guér*-9 par les mêmes moyens qui se sont *trouv*-5 inefficaces pour vous,	— mes sœurs par les mêmes moyens qui

23ᵉ DICTÉE.

Faire toujours la traduction.

Quelles horribles femmes j'*ai* v-12 ! Quelle horreur elles m'*ont* INSPIR-5 pour leurs pareilles ! Elles *ont* bien MÉRIT-5 les affronts qu'elles *ont* ESSUY-5, les brocards qui les *ont* ACCUEILL-9 : elles se sont CONDUI..(*) (participe de *conduire*) avec inconvenance , et elles se sont v-12

(*) Dans le **CORRIGÉ** on trouvera entre deux crochets le mot du verbe avoir qui doit être employé dans la traduction des phrases où figure le verbe être employé pour avoir.

Nº 4, son É. —— Nº 5, son É. —— Nº 9, son I. —— Nº 12, son U.

---

non-seulement BLÂM-5, mais HU-5, HONN-9 de tous ; on les *a* MONTR-5 au doigt dès qu'elles *ont* PAR-12, et enfin on les *a* LAISS-5 dans un isolement qui leur *a* MONTR-5 qu'elles s'étaient ATTIR-5 la désapprobation générale.

Lorsque nous *avons été* ATTAQU-5, nous nous sommes MONTR-5 courageux, et nous nous sommes DÉFEND-12 vaillamment. Nous *avons* GRINC-5 les dents, dès que nous *avons* APERÇ-12 nos adversaires, nous leur *avons* MONTR-5 les dents, nous nous les sommes mutuellement MONTR-5 ; oui, plusieurs fois, nous nous sommes MONTR-5 les dents : ils nous *ont* MENAC-5, mais nous nous sommes F-4 à leurs menaces, c'est-à-dire, nous nous y sommes HABITU-5 ; et après en *avoir été* très-IMPRESSIONN-5 d'abord, nous *avons* FIN-9 par ne plus nous en inquiéter, nous nous en sommes MOQU-5 complètement.

24ᵉ DICTÉE.

Mes frères se sont bien AMUS-5 pendant les vacances ; ils *ont* VOYAG-5 tous les deux avec mon père, et *sont* ALL-5 voir la Manche, au Havre : combien ils se sont PL-12 dans cette excursion ! Ils n'*avaient* jamais V-12 la mer, et ils se sont SENT-9 SAIS-9 d'admiration à la vue de l'imposant spectacle qui *a* FRAPP-5 leurs regards lorsqu'ils se sont TROUV-5 en présence de l'immensité, lorsqu'ils *ont* CONTEMPL-5 ces vagues blanchissantes d'écume qui *ont* ROUL-5 avec fracas, et se sont SUCCÉD-5 pendant toute une marée. L'*avez*-vous V-12, la mer ? — Mon père *a* REND-12 la partie complète : Léon et Félix *ont* MONT-5 sur une barque et F-4 une promenade en mer : ils *ont* CHANCEL-5 d'abord, car ils n'avaient pas le pied marin, mais enfin ils se sont RAFFERM-9 ; cependant la mer les *a* BALLOTT-5 tant et si bien qu'ils *sont* presque TOMB-5

N° 5, son É. ——— N° 9, son I. ——— N° 12, son U.

l'un sur l'autre : ils se sont FRAPP-5 mutuellement d'une manière très-rude, ils se sont FRAPP-5 violemment la tête; mais malgré cet accident ils *ont* complètement JOU-9 des quelques jours de repos que mon père leur *a* ACCORD-5.

25ᵉ DICTÉE.

Nous *sommes* REST-5 jusqu'à midi à la porte de la cabane, le soleil *était* DEVEN-12 brûlant : un de nos hôtes s'est AVANC-5 vers les petits garçons (des Natchez), et il leur *a* D-9 : Enfants, le soleil vous mangera la tête, allez dormir : ils se sont tous ÉCRI-5 : C'est juste; et pour toute marque d'obéissance ils *ont* CONTINU-5 de jouer, après *être* CONVEN-12 que le soleil leur mangerait la tête. Mais les femmes se sont LEV-5; elles *ont* APPEL-5 la troupe obstinée, en joignant à chaque avis un mot de tendresse. A l'instant, les enfants *ont* VOL-5 vers leurs mères comme une couvée d'oiseaux; les femmes les *ont* SAIS-9 en riant, et chacune d'elles *a* EMPORT-5 avec assez de peine son fils.

CHATEAUBRIAND. *Les Natchez.*

Deux vauriens s'étaient PROPOS-5 l'année dernière de nous dévaliser; afin d'atteindre plus sûrement leur but, ils se sont PROPOS-5 pour entrer à la ferme, comme journaliers; par bonheur, leur tournure nous *a* DÉPL-12 et nous ne les *avons* point LOU-5 : la répulsion — qu'ils nous *ont* INSPIR-5 — est la seule chose qui nous *ait* PRÉSERV-5.

26ᵉ DICTÉE.

Hier mes deux neveux se sont RONG-5 les ongles; ils se les sont RONG-5 une demi-heure : ma sœur les *a* bien sévèrement GROND-5; ils lui *ont* ASSUR-5 qu'ils ne le feraient plus, mais ils *ont* RECOMMENC-5 aussitôt qu'elle *a* DÉTOURN-5 les yeux, et ils *ont* PERSIST-5 dans leur désobéissance : qu'a F-4 leur mère, dès qu'elle s'en est APERÇ-12? elle les a CONFIN-5 à la maison en la garde de leur bonne, et elle s'en est ALL-5 sans eux aux Champs-Élysées.

Avant d'autres Grecs plus RENOMM-5 qu'eux, les Corinthiens s'étaient déjà DISTINGU-5 par quelques inventions utiles. Les arts commencent par des tentatives obscures; quand ils *sont* PERFECTIONN-5, on donne le nom d'inventeurs à ceux qui, par d'heureux procédés, en *ont* FACILIT-5 la pratique.

As-tu L-12 dans la Bible comment Ruth s'est ATTIR-5 les regards de Booz lorsqu'elle *a* GLAN-5 dans son champ? comment il l'*a* DÉSIGN-5 à ses moissonneurs, et leur *a* RECOMMAND-5 de jeter des épis sur ses pas; et comment enfin, TOUCH-5 de sa haute vertu, il l'*a* ÉPOUS-5?

27ᵉ DICTÉE.

Toutes les dignités que tu m'*as* DEMAND-5,
Je te les *ai* sur l'heure et sans peine ACCORD-5.
CORNEILLE.

Dieu nous *a* F-4 justes.

Lionel, savez-vous combien de rois *ont* GOUVERN-5 la France? les *avez*-vous COMPT-5 lorsque vous *avez* ÉTUDI-5 leur histoire? = Non. = Hé bien, vous *auriez* COMPT-5 plus de soixante-dix rois, CLASS-5 dans trois dynasties ou races.

Junie (femme) s'est MONTR-5 dans la ville, plusieurs de mes gens lui *ont* PARL-5, mes yeux mêmes l'*ont* V-12.

Cette nuit je l'*ai* V-12 (Junie) arriver dans ces lieux.
RACINE.

PASS-5 au sein de la famille, que les années de la jeunesse *sont* vite ÉCOUL-5!

Nº 4, son È. —— Nº 5, son É. —— Nº 9, son I, —— Nº 12, son U.

La plante M.. (participe de *mettre*) en liberté garde l'inclinaison qu'on l'*a* FORC-5 de prendre, mais la sève n'*a* point CHANG-5 pour cela sa direction primitive.

J.-J. ROUSSEAU.

Ces dames *sont* tout HABILL-5; elles *sont* COIFF-5, VÊT-12, GANT-5; elles se sont PARFUM-5 même, ou plutôt elles *ont* PARFUM-5 leurs mouchoirs; bref, elles n'*ont* rien NÉGLIG-5 pour leur toilette: aussi *ont*-elles EMPLOY-5 presque toute leur journée à ces soins utiles, je l'avoue, mais néanmoins secondaires.

28ᵉ DICTÉE.

Eudore fit l'éloge du pauvre vertueux et de la femme forte: « Elle *a* CHERCH-5 la laine, elle *a* TRAVAILL-5 avec des mains sages et ingénieuses; elle se lève pendant la nuit pour distribuer l'ouvrage à ses domestiques, et le pain à ses servantes; elle *est* REVÊT-12 de beauté: ses fils se sont LEV-5 et *ont* PUBLI-5 qu'elle était heureuse, son mari s'est LEV-5 et l'*a* LOU-5.

CHATEAUBRIAND. Les Martyrs.

Zulime s'était CRÉ-5 mille chimères qu'elle n'*a* jamais complètement ABANDONN-5; mais quand ses illusions lui *ont* ÉCHAPP-5 en partie, quand elle s'est V-12 TRAH-9 et TROMP-5, elle *a* GÉM-9, elle *a* PLEUR-5, elle s'est LIVR-N au désespoir.

Ils se sont F-4 tous les maux imaginables.

L'œil du peintre est un tableau où les nuances les plus légères *sont* SENT-9, où les traits les plus délicats *sont* TRAC-5.

BUFFON.

Cette faute, nous l'*eussions* ÉVIT-5 si nous en *eussions* PRÉV-12 les conséquences.

N° 4, son È. —— N° 5, son É. —— N° 9, son I. —— N° 12, son U.
N° 30, son R.

V-12 de très-loin même, que les Alpes sont donc imposantes!

Je me suis DEMAND-5 plusieurs fois ce qu'on a PENS-5 de ma petite Irène le jour où elle s'est MOQU-5 d'Alice.

29ᵉ DICTÉE.

J'ai VISIT-5 les carrières de Montmartre, je les *ai* PARCOUR-12 dans tous les sens avec mon père qui les *avait* VISIT-5 autrefois : il nous en *a* EXPLIQU-5, à mon frère et à moi, les particularités remarquables, il nous *a* PARL-5 longuement des débris antédiluviens, des fossiles curieux que les savants géologues en *ont* EXTR-4, et qui leur *ont* SERV-9 à fixer certains points importants de la science : mon père nous *a* fort INTÉRESS-5 par ces détails ; et quant aux carrières, nous les *avons* TROUV-5 excessivement curieuses, elles nous *ont* SEMBL-5 tout à fait dignes de fixer l'attention.

La petite bergère — dont l'année PASS-5 tant de moutons *ont* PÉR-9 DÉVOR-5 par les loups, — *a* REPAR-12 ces jours-ci dans nos gras pâturages, elle s'y est même fort AMUS-5 ; elle *a* CUEILL-9 une soixantaine de bluets et de coquelicots dont elle s'est TRESS-5 une couronne : ce matin, elle *a* ENTEND-12 dire que deux loups *avaient été* V-12 dans nos bois, elle s'est ENFU-9 à toutes jambes ; elle n'*a* pas REPAR-12 à la ferme, nous ne l'*avons* pas REV-12 de toute la journée : nous craignons qu'elle ne se soit ÉLOIGN-5 par trop, et qu'elle ne se soit ÉGAR-5.

30ᵉ DICTÉE.

Mathurin *a* PERD-12 l'année PASS-5 deux cents ou deux cen dix moutons ; cinquante-sept *sont* MO-30 de la

No 5, son É. —— No 9, son I. —— No 12, son U.

clavelée, tous les autres *ont* PÉR-9 victimes des bêtes cruelles qui les *ont* DÉVOR-5 : ils *ont* PASS-5 sous la dent meurtrière des loups.

On m'*a* ASSUR-5, Estelle, que tu t'es PL-12 à redire les choses secrètes qu'on t'*avait* CONFI-5, et de plus que ce matin tu t'es PL.. (participe de *plaindre*) de maux de tête que tu n'*avais* pas 12 ; ce sont deux fautes graves qui se sont SUCCÉD-5, auxquelles tu t'es ABANDONN-5 : c'est sans doute par un remords de conscience que tu t'es CACH-5 dès que tu *as* APERÇ-12 ta mère ; mais ne crains rien, retourne vers elle, avoue-lui tes torts, ils te *seront* PARDONN-5.

Les lions, les panthères, les tigres, tous les animaux nuisibles enfin *ont été* REFOUL-5 à l'intérieur des continents, dans toutes les parties de la terre qui *ont été* ENVAH-9 par l'influence de la civilisation moderne.

Hier, maman *était* SORT-9, et je m'étais RÉSIGN-5 à passer la journée à la maison ; tout à coup : = « Adèle, veux-tu venir te promener au bois avec papa ! » se sont ÉCRI-5 mes frères : — à ces mots des transports de joie se sont EMPAR-5 de tout mon être, et *ont* BRILL-5, dit-on, sur mon visage.

FIN DE LA PREMIÈRE SECTION.

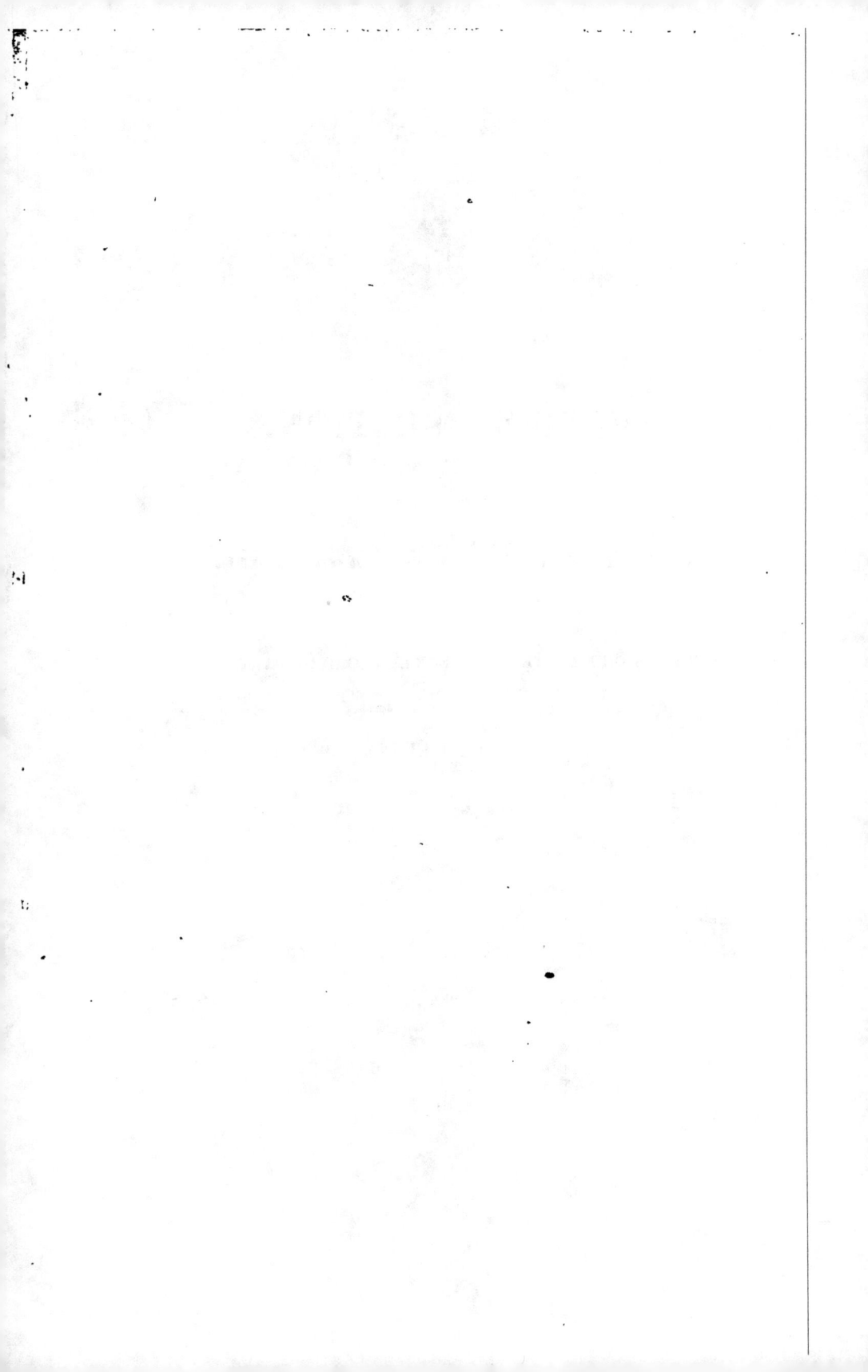

DEUXIÈME SECTION.

POUR LES ENFANTS DE DIX A ONZE ANS.

OU L'ON TROUVERA, GRADUÉES,

TOUTES LES DIFFICULTÉS QU'OFFRE L'ACCORD DU PARTICIPE.

PARTIE DE L'ÉLÈVE.

L'ORTHOGRAPHE
DU PARTICIPE

ENSEIGNÉE PAR LA PRATIQUE

AUX ENFANTS DE NEUF A DOUZE ANS.

DEUXIÈME SECTION

POUR LES ENFANTS DE DIX A ONZE ANS,

Présentant, dans un ordre méthodique, toutes les applications des deux règles de l'accord du participe, — et toutes les difficultés qu'offrent ces applications ;

et renfermant aussi les règles d'orthographe qui concernent le participe présent — et l'adjectif verbal.

NOTA. Apprendre toujours par cœur les alinéas imprimés en plus gros caractères, et qui présentent les principes, les règles ou les remarques.

Le participe passé est un mot qui se joint au substantif ou au pronom, pour indiquer que l'être (ou la chose) a souffert l'effet de l'action (*), a été possédé, etc. , etc.

Le participe passé français est toujours employé avec un mot du verbe ÊTRE, *ou avec un mot du verbe* AVOIR *(exprimé ou sous-entendu).*

De là, deux règles :

On jugera d'après une PREMIÈRE RÈGLE *les participes passés employés avec un mot du verbe* ÊTRE ;

Et

On jugera d'après la SECONDE RÈGLE *les participes passés employés avec un mot du verbe* AVOIR.

(*) On peut comprendre maintenant pourquoi le participe passé a été nommé par quelques grammairiens : *adjectif passif.*

Le PARTICIPE PASSÉ *et le mot du verbe* AVOIR *avec lequel il est combiné s'unissent par le sens de telle sorte qu'ils ne forment plus pour ainsi dire qu'un seul mot, qu'on peut appeler* VERBE-LOGIQUE.

Ainsi : *J'ai dormi*, passé indéfini du verbe dormir, peut être considéré comme un VERBE-LOGIQUE, ayant le sens de : *Je dormis*.

Dans les alliances de mots désignées ici par le nom de VERBE-LOGIQUE, *on doit toujours reconnaître deux éléments bien distincts : un verbe et un participe, savoir :*

1° Un mot du verbe AVOIR *qui est toujours joint au sujet de la phrase, — sujet dont il doit prendre le nombre et la personne ;*

2° Un PARTICIPE PASSÉ *ayant toujours rapport au complément ou régime direct de la phrase, — complément avec lequel (moyennant certaines conditions) il s'accorde en genre et en nombre.*

RÈGLE I.

§ 3. — **Du participe passé employé avec un mot du verbe** *être*.

PHRASE-TYPE. Tous les **maux** (*sujet*) sont **venus** de la triste Pandore.

Le participe passé employé avec un mot du verbe **être** (exprimé ou sous-entendu) s'accorde toujours en genre et en nombre avec le **sujet** du verbe être.

Le substantif ou le pronom *sujet* répond toujours à la question : *Qui est-ce qui est ?* ou *qu'est-ce qui est ? qu'est-ce qui fut ? sera ?* etc., faite avant le participe en cette sorte : *Qu'est-ce qui est venu? Qu'est-ce qui est institué* P etc.

Nota. *Cette seconde section, formant à elle seule un traité complet et méthodique de l'accord du participe, nous y ferons figurer les deux* **RÈGLES** *qu'on a déjà vues dans la première section, — et quelques* **REMARQUES** *qu'il est indispensable de connaître* POUR POUVOIR FAIRE L'ACCORD DU PARTICIPE (*).

Nº 5, son É. —— Nº 9, son I. —— Nº 12, son U. —— Nº 30, son R.

31ᵉ DICTÉE.

Mettre toujours *s* sous les sujets du verbe être (**).

Les honneurs *sont* INSTITU-5 pour récompensèr la vertu.
FLÉCHIER.

Les grottes de la Thébaïde *sont* ENVAH-9, les catacombes des morts *sont* OCCUP-5 par des vivants MO-30 (***) aux passions de la terre.
CHATEAUBRIAND.

Ne me donnez pas, je vous prie, des aiguilles ROUILL-5 ou mal PERC-5 ; que le chas, le trou, y *soit* suffisamment ALLONG-5.

Quand la noblesse *est* VEND-12, ceux (****) — qui s'appellent ou *sont* APPEL-5 nobles—*sont* ANOBL-9 sans doute, mais ils ne peuvent pas se croire ENNOBL-9.

Une comédie nouvelle *est* ANNONC-5 ; elle *est* déjà JUG-5 ou plutôt CONDAMN-5, quoiqu'elle ne *soit* point encore CONN-12 : elle doit *être* JOU-5 demain ; elle *sera* SIFFL-5, HU-5 , HONN-9 : les sifflets *sont* tout APPRÊT-5.

(*) On trouvera , en notes, dans le **CORRIGÉ** d'autres remarques qui pourront aider pour l'orthographe du participe.

(**) Ces sujets sont imprimés en italique dans le **CORRIGÉ** ; — on y trouvera également, — rétablies — toutes les ellipses utiles à connaître pour l'accord du participe.

(***) On doit toujours rechercher et rétablir, en esprit au moins, les mots du verbe être et les sujets de ce verbe, quand ils sont sous-entendus devant un participe.

(****) Voir la remarque c, placée en note à la page 5 du **CORRIGÉ**.

No 5, son É. —— No 9, son I. —— No 12, son U. —— No 30, son F.

Vois ces champs naguère COUVE-30 d'épis DOR-5.
maintenant HÉRISS-5 de lances et de glaives; vois ces enfants PRIV-5 des auteurs de leurs jours; ces femmes
EFFRAY-5 à la vue de tant d'horreurs, et POURSUIV-9 par
des vainqueurs ENIVR-5 de carnage, par des vainqueurs
dont les mains (*) — tout ENSANGLANT-5 — *sont* ACCOU-
TUM-5 au meurtre.

EXCEPT-5 de la loi commune, quelques femmes sem-
blent rajeunir en avançant en âge.

32ᵉ DICTÉE.

La France *a été* GOUVERN-5 avec gloire par Napoléon.

Les puissances sous lesquelles on vit *ont été* ORDONN-5
de Dieu : tel était l'enseignement de Bossuet. Que *sont*
DEVEN-12 ces temps heureux où la voix des Pères de
l'Église, ENTEND-12 et RESPECT-5 de tous, maintenait
l'ordre dans l'État comme la discipline dans l'Église?

Sont-ils ENDORM-9 ces conquérants si fiers qui se
croyaient si puissants et si REDOUT-5? leur sotte vanité
est-elle ANÉANT-9 depuis qu'ils *ont été* ABAISS-5, HUMILI-5
par tant de défaites? leurs armées n'*ont*-elles pas *été*
EFFRAY-5, DISPERS-5 ou TAILL-5 en pièces?

Ennoblir et anoblir sont deux mots qui ne doivent
point *être* EMPLOY-5 l'un pour l'autre : on appelle anoblis
ceux qui *sont* DÉCLAR-5 nobles par un acte authentique
d'un souverain etc.; quant aux grands hommes, aux
héros, ils *sont* ENNOBL-9 par leurs actions mêmes :
ainsi Kellermann, Victor, Lannes, d'autres guerriers
illustres *étaient* ENNOBL-9 par de glorieux faits d'armes
bien avant d'*avoir été* ANOBL-9 par Napoléon.

(*) Voir la remarque c. page 5 du **CORRIGÉ**.

N° 5, son É. ——— N° 9, son I. ——— N° 12, son U.

ENORGUEILL-9 par leurs succès, ces deux petits écoliers se croient AUTORIS-5 à jeter un regard de dédain sur ceux de leurs condisciples qui, moins heureusement DOU-5 qu'eux, ne *sont* point PARVEN-12 à d'aussi bonnes places; plaignons-les, ne les haïssons pas!

REGARD-5 au microscope, que les ailes du papillon, le plus vulgaire même, sont admirables!

33ᵉ DICTÉE.

Cymodocée chanta la naissance des dieux : Jupiter SAUV-5 de la fureur de son père, Minerve SORT-9 du cerveau de Jupiter; Vénus N-5 de l'écume des flots ; les Héliades CHANG-5 en peupliers, et l'ambre de leurs pleurs ROUL-5 par les flots de l'Éridan ; les larmes de l'Aurore DEVEN-12 la rosée ; la couronne d'Ariane ATTACH-5 au firmament. ENVELOPP-5 dans ses voiles blancs, ÉCLAIR-5 par les rayons de la lune, cette jeune fille (la païenne Cymodocée) semblait une apparition céleste.

CHATEAUBRIAND. Les Martyrs.

Aux branches d'un saule *était* SUSPEND-12 une lyre, les cordes en *étaient* DÉTEND-12 par la rosée de la nuit. Eudore (jeune chrétien) détacha l'instrument : il chanta la naissance du chaos, la lumière qui *fut* F.. (participe de *faire*) par une parole; l'homme CRÉ-5 à l'image de Dieu, et ANIM-5 d'un souffle de vie; Ève TIR-5 du côté d'Adam : il dit le torrent des cèdres, les eaux sacrées du Jourdain; il dit les juges ASSEMBL-5 aux portes de la ville.

Eudore répéta le cantique des Israélites EXIL-5 aux bords des fleuves de Babylone. « O Sion ! tes prêtres et tes enfants *sont* EMMEN-5 en esclavage! »

CHATÉAUBRIAND. Les Martyrs.

No 5, son é. —— No 9, son i. —— No 12, son u.

La femme de chambre et la cuisinière qui *sont* VEN-12 hier se présenter *ont été* AGRÉ-5 immédiatement par ma mère.

Après leur désobéissance, Adam et Ève *furent* CHASS-5 du Paradis-Terrestre ; dès lors, ils *furent* ABANDONN-5 à la malice de leur cœur, de ce cœur humain dont toutes les pensées *sont* TOURN-5 vers le mal.

Renvoyez-moi, je vous prie, la lettre ci-INCL.. (participe d'*inclure*).

34ᵉ DICTÉE.

LE LENDEMAIN D'UN ORAGE.

Un jour serein consolait la nature des ravages de la nuit. La terre offrait partout des débris. Des forêts, qui la veille s'élançaient jusqu'aux nues, *étaient* COURB-5 vers la terre ; d'autres semblaient HÉRISS-5 d'horreur. Des collines qui la veille encore se présentaient aux regards ARROND-9 sous une verdoyante parure, ENTR'OUV.. (participe d'*entr'ouvrir*) maintenant en précipices, montraient leurs flancs DÉCHIR-5. De vieux arbres DÉRACIN-5, PRÉCIPIT-5 du haut des monts ESCARP-5 ; le pin, le palmier et le cèdre, ÉTEND-12 épars dans la plaine, la couvraient avec tous leurs troncs BRIS-5, et toutes leurs branches FRACASS-5. Des dents de rochers DÉTACH-5 marquaient la place des torrents dont le lit profond *était* BORD-5 d'un nombre effrayant d'animaux doux, cruels, timides, féroces, qui *avaient été* SUBMERG-5 et REVOM-9 par les eaux ; ces eaux qui *étaient* ÉCOUL-5 laissaient les bois et les campagnes se ranimer.

Imité de MARMONTEL.

Vos agneaux et vos brebis *étaient* RENTR-5 à la bergerie une demi-heure avant le moment où la pluie *est*

N° 4, son É. —— N° 5, son É. —— N° 9, son I.

TOMB-5 avec violence, ils y *avaient été* RAMEN-5 par Jacques.

Quoique SIFFL-5, HU-5, HONN-9 partout, il y a des gens qui *sont* toujours SATISF-4 de leur conduite.

SUPPOS-5 vraies et FOND-5 en droit, les prétentions de votre avocat n'en paraîtraient pas moins EXAGÉR-5.

Comment trouvez-vous les broderies ci-INCL.. (participe d'*inclure*) ?

35ᵉ DICTÉE.

C'est à l'ombre des lois que tous les arts *sont* N-5.
THOMAS.

La source de presque tous les maux *est* TAR-9 dès que vous vivez selon Dieu ; et de là, que d'âmes PRÉSERV-5 ! que de crimes ARRÊT-5 ! que de maux EMPÊCH-5 !
MASSILLON.

Ou-9 avec attention, les leçons de votre professeur de physique offrent le plus grand attrait.

Messieurs, vous êtes jeunes ; vos âmes, encore neuves, ne *sont* ni FLÉTR-9 par le venin d'un athéisme ENRACIN-5, ni DESSÉCH-5 par les calculs de l'intérêt, ni ENDURC-9 par le long usage des plaisirs : hé bien, si jamais vous contemplâtes quelques-unes des grandes scènes de la nature, n'*avez*-vous pas *été* RAV-9 comme d'une espèce d'enchantement, et du fond de vos cœurs n'*est*-il pas SORT-9 ce cri de vérité : Que tes œuvres sont belles et magnifiques, Dieu tout-puissant !
Imité de FRAYSSINOUS. *Conférences.*

Dans les ruines de la Villa-Adriana, SITU-5 aux environs de Naples, les fragments de maçonnerie *étaient* TAPISS-5 de feuilles de scolopendre, dont la verdure

Nᵒ 5, son é. —— Nᵒ 9, son i. —— Nᵒ 12, son v.

SATIN-5 se dessinait comme un travail en mosaïque sur la blancheur des marbres. Çà et là, de hauts cyprès remplaçaient les colonnes TOMB-5 dans ces palais de la mort; l'acanthe sauvage rampait à leurs pieds sur des débris, comme pour reproduire sur ces chefs-d'œuvre MUTIL-5 de l'architecture l'ornement de leur beauté PASS-5.

CHATEAUBRIAND. *Lettres.*

Veuillez, Mademoiselle, me faire une copie de la romance ci-J.. (participe de *joindre*).

Il m'*est* REVEN-12 à l'esprit cette pensée de Chateaubriand : Il y a réellement des révolutions inévitables, parce qu'elles *sont* ACCOMPL-9 dans les esprits avant d'*être* RÉALIS-5 au dehors.

36ᵉ DICTÉE.

Nous voyons des montagnes AFFAISS-5, des rochers qui *sont* FEND-12 et BRIS-5, des contrées ENGLOUT-9, des terrains SUBMERG-5, des cavernes COMBL-5; des choses sèches, humides, chaudes, froides toutes MÊL-5.

BUFFON.

Au cinquième siècle de notre ère, l'Espagne et le Portugal *ont été* ENVAH-9, PARCOUR-12 en tous sens, RAVAG-5, DOMIN-5 par les Barbares.

SUPPOS-5 vraies, les nouvelles que donne votre journal sont fort effrayantes.

ARM-5 d'une croix de bois, le Christianisme s'avance au milieu des religions dissolues des nations DÉMORALIS-5; aussitôt les passions s'élancent : alors commence une guerre effroyable; ni l'âge, ni le sexe ne *sont* ÉPARGN-5, il faut que chacune des divinités expirantes ait ses victimes CHOIS-9 : de nouveaux supplices *sont* IN-

VENT-5; enfin, les bourreaux FATIGU-5 s'arrêtent; je ne sais quelle vertu céleste, ÉMAN-5 de la croix, commence à les toucher eux-mêmes : à l'exemple de nations entières SUBJUGU-5 avant eux, ils tombent au pied de la croix.

Imité de LAMENNAIS.

Dès que cette cargaison m'*est* ARRIV-5, il m'*est* VEN-12 dans l'esprit la pensée que j'allais la trouver avariée.

Au Jardin-des-Olives, l'âme du Sauveur voit le péché:... l'orgueil, la corruption, toutes les passions de cette source fatale N-5 et RÉPAND-12 sur la terre; elle voit une tradition non INTERROMP-12 de crimes; les plus monstrueuses superstitions ÉTABL-9 parmi les hommes; la connaissance de son père EFFAC-5, les crimes infâmes ÉRIG-5 en divinités; l'impiété et l'irréligion DEVEN-12 le parti des plus modérés; les mœurs CORROMP-12 du paganisme RÉTABL-9 parmi ses disciples.

MASSILLON.

EXCEPTION UNIQUE A LA RÈGLE Ire.

PHRASES-TYPES. 1° **Ci-inclus** deux *lettres*, — **ci-joint** trois *copies*, etc.;

2° Vous trouverez **ci-inclus** *copie* du contrat, — vous trouverez **ci-joint** *copie* de sa lettre.

Les participes **inclus** *et* **joint** *employés dans les expressions* **ci-inclus**, **ci-joint** *restent toujours au masculin singulier dans deux cas particuliers :*

1° *Quand ils commencent la phrase ;*

2° *Quand, étant dans le corps de la phrase, ils y sont placés avant le substantif qu'ils modifient, et que ce substantif n'est précédé d'aucun déterminatif (adjectif ou article).*

N° 5, son É.

37ᵉ DICTÉE.

Lorsque *ci-joint* et *ci-inclus* seront compris dans l'exception, ne point rétablir d'ellipse.

Ci-J.. (participe de *joindre*) sont trois **romances** nouvelles, vous trouvez également ci-INCL.. (participe d'*inclure*) **copie** d'une polka COMPOS-5 par Strauss.

Admire ces prés ÉMAILL-5 de fleurs ; sens, respire le doux parfum qui s'exhale de ces deux haies vives tout récemment PLANT-5.

Les langues *ont été* CRÉ-5 par les peuples, et non par les érudits ou par leurs livres.

Charlemagne et Napoléon-le-Grand *ont été* SACR-5 et COURONN-5 empereurs par des papes à mille ans de distance ; le premier en huit cent, le second en mil huit cent quatre.

Trouverai-je ci-J.. (participe de *joindre*) **copie** des actes MENTIONN-5 au contrat ? = Vous trouverez ci-J.. (participe de *joindre*) les actes eux-mêmes.

Qui pourrait répondre qu'aujourd'hui même nos jardins de botanique ne recèlent pas quelque herbe MÉPRIS-5, DESTIN-5 à produire dans nos mœurs ou dans notre économie politique de tout aussi grandes révolutions que celles qui *ont été* AMEN 5 par le tabac et le café !

No 5, son É. ⸺ No 12, son U.

Il y a quatre-vingts soldats de TU-5, quatre-vingt-dix de BLESS-5 : deux cent dix fuyards *ont été* ARRÊT-5; deux cents d'entre eux désertaient tout ARM-5, tout ÉQUIP-5; ci-INCL.. (participe d'*inclure*) la *liste* des noms de ces déserteurs.

Les Grecques et les Romaines vivaient RENFERM-5.

38e DICTÉE.

Ci-J.. (participe de *joindre*) une *traduction* de la Jérusalem DÉLIVR-5 de laquelle les phrases suivantes *ont été* TIR-5 : On nous vantera des armées VAINC-12, des obstacles SURMONT-5, des routes inconnues OUV.. (participe d'*ouvrir*) à la valeur; les provinces les plus lointaines ABATT-12, CONSTERN-5 au seul bruit de ta marche.

Que de vieux cloîtres, que de vieilles abbayes *ont été* TRANSFORM-5 en manufactures dans notre France toute LIVR-5 à l'industrie !

Ne trouvâtes-vous pas, ci-J.. (participe de *joindre*), la traduction d'un sonnet de Pétrarque ? = Non, mais vous trouverez ci-J.. (participe de *joindre*) *copie* du texte italien de ce sonnet.

Un peuple ne forme pas une nation ÉCLAIR-5 par cela seul que les lettres, les sciences et les arts *sont* ARRIV-5 chez lui à un degré ÉLEV-5 d'avancement; car ces connaissances peuvent y *être* REST-5 le patrimoine d'un petit nombre d'adeptes, tandis que l'ignorance la plus complète y *serait* DEMEUR-5 en même temps le partage du reste de la population.

Horace SAY.

La chimie *a été* en quelque sorte RECRÉ-5 par Lavoisier, ci-INCL.. (participe d'*inclure*) sont les *preuves* de cette assertion.

Des accidents sans nombre *ont été* CAUS-5 par les inondations qui se sont SUCCÉD-5 (*).

RÈGLE II.

§ 4. — Du participe employé avec *avoir* pour former un verbe-logique (voir les principes, page 34).

PHRASES-TYPES. Vous riez. — Écrivez qu'elle *a* **ri**! (c —)

NOTA. Ce signe (c —) indique que le complément du verbe-logique n'est pas exprimé.

J'ai **dompté** la **nature** (*complément*), — et ne l' (*complément*) ai pas **détruite**.

Le participe passé employé avec un mot du verbe **avoir** s'accorde en genre et en nombre avec le **complément** du *verbe-logique*, toutes les fois que ce complément est placé avant le participe (et dans la même phrase grammaticale).

NOTA. Le complément (ou régime direct) est toujours le substantif ou le pronom qui répond à la question *qui* ou *quoi* faite après le verbe et le participe en cette sorte : Elle a ri qui? ou quoi? — J'ai dompté qui ou quoi? Réponse : la *nature*. — Je n'ai pas détruit qui ou quoi? Réponse : *l'* (pour la nature). = On peut également se faire la question : Qu'est-ce qui a été ri? qui est-ce qui a été dompté, etc.

(*) REMARQUE. *Tout participe avant lequel on voit :* JE ME SUIS, TU T'ES, IL S'EST (*ou* ELLE S'EST); NOUS NOUS SOMMES, VOUS VOUS ÊTES, ILS SE SONT, (*ou* CES PERSONNES SE SONT, CES CHOSES SE SONT, etc.), *doit être accordé s·lon le principe donné ci-dessus, dans la règle seconde.*

Dans toute phrase renfermant un mot du verbe avoir suivi d'un participe et formant avec lui un vérbe-logique, 1° ou il n'y aura pas de complément exprimé ; — 2° ou le complément étant exprimé ne sera placé qu'après le participe ; — 3° ou le complément sera placé avant le participe :

et puisque l'accord du participe jugé par la règle seconde est subordonné à la présence, et à la place du complément, — il sera bon de faire dire toujours en écrivant un participe employé avec *avoir* (et après avoir recherché le complément) :

ou : *pas* de complément exprimé pour le verbe logique,   *pas d'accord*
— complément du verbe logique placé *après* le participe, *pas d'accord*
— complément du verbe logique placé *avant* le participe, *accord.*

N° 5, son É. —— N° 9, son I. —— N° 12, son U. —— N° 30, son R.

39ᵉ DICTÉE.

Mettre (*c—*) après le participe, lorsqu'il n'y aura pas de *complément exprimé* pour le verbe-logique dont il fait partie.

Les poulets *ont* PIAUL-5, les poules *ont* GLOUSS-5, un renard *aurait*-il PÉNÉTR-5 dans la basse-cour ?

Depuis Niobé, jamais mère n'*a* PARL-5 comme je fais.
Madame de SÉVIGNÉ. *Lettres.*

Ceux qui n'*ont* jamais SOUFFE-30 ne savent rien.
FÉNELON. *Télémaque.*

Les légions romaines *ont* PASS-5 sous le joug aux Fourches-Caudines.

Les négociations *ont* TRAÎN-5 en longueur.
BESCHER.

Toute la salle *a* RETENT-9 d'applaudissements.

La prévoyance de Dieu *a* POURV-12 à la conservation de l'univers.

Hésiode *a* ÉCR-9 sur l'agriculture ; Démocrite, Xénophon, Aristote, Théophraste en *ont* TRAIT-5 en prose.
DELILLE.

C'est par Pâris et Hélène qu'*a* PÉR-9 Troie.

N° 5, son É.   —   N° 9, son I.   —   N° 12, son U.

Vos pères *ont* PÉCH-5, vous en portez la peine.

J.-B. ROUSSEAU. Odes.

Des remparts, sous ses coups (du canon), les débris *ont*
[ROUL-5.
Les murs *sont* ABATT-12, et les tours *ont* CROUL-5.

DELILLE. Les trois Règnes.

40ᵉ DICTÉE.

Beaucoup de bestiaux *ont* PÉR-9 dans les inondations
de la Loire, des habitations entières même *ont* DISPAR-12
sous les eaux.

Nos prodigues amis *ont* DISPOS-5 légèrement de leurs
collections qui nous *avaient* PAR-12 bien curieuses.

Les chiens de la basse-cour *ont* ABOY-5, Lucie et Marguerite *ont* PLEUR-5 (*) et CRI-5 à qui mieux mieux.

Le dieu qui vous inspire *a* MARCH-5 devant moi.

VOLTAIRE.

V-12 de loin, cette dame nous *a* PAR-12 jolie.

Malheureux les égoïstes qui n'*ont* jamais PENS-5 aux
infortunes de leurs frères ; ils n'*ont* VÉC-12 que pour
eux, pas une larme n'arrosera leurs cendres !

La Discorde *a* toujours RÉGN-5 dans l'univers.

LA FONTAINE.

La justice et la modération de nos ennemis nous *ont*
plus NU-9 que leur valeur.

MARMONTEL.

(*) On doit toujours rétablir le mot du verbe avoir et son sujet quand ils sont
sous-entendus avant un participe.

N° 5, son É. —— N° 9, son I. —— N° 12, son U.

Que de soldats français *ont* SUCCOMB-5 dans la désastreuse campagne de Russie !

Du lourd Crésus la tête *a* FERMENT-5.

BAOUR-LORMIAN.

Le ciel et la terre n'*ont* pas toujours EXIST-5.

41ᵉ DICTÉE.

Mettre toujours un *c* sous le complément du verbe-logique (*).

La pauvre fille dit :
  J'*ai* FU-9 ce pénible sommeil
  Qu'aucun songe heureux n'accompagne,
  J'*ai* DEVANC-5 sur la montagne
  Les premiers rayons du soleil.

La phénicienne Didon *a* FOND-5 sur la côte d'Afrique la superbe ville de Carthage.

FÉNELON.

Ce grand empire *a* ENGLOUT-9 tous les empires de l'univers.

BOSSUET.

L'excès du malheur *a* parfois REND-12 les hommes insensibles.

Nous *avons* V-12 ce vaillant héros ; nos mains *ont* TOUCH-5 ses mains victorieuses, nous *avons* ENTEND-12 sa voix !

LE TASSE. *Jérusalem délivrée.*

Virgile *a*, par ses vers, ILLUSTR-5 les murs de Pallantée.

Chacun *a* REGAGN-5 sa tribu ; l'ennemi ayant PERD-12 deux hommes, et nous en *ayant* 12 deux blessés.

LAMARTINE. *Voyage en Orient.*

(*) On trouvera ce complément imprimé en *italique* dans le **CORRIGÉ**.

No 5, son É. —— No 9, son I. —— No 12, son U.

Pardonne... un dieu cruel *a* PERD-12 ta famille.
RACINE. *Phèdre.*

Les enfants qui *avaient* ÉGORG-5 leurs pères et leurs mères, les épouses qui *avaient* TREMP-5 leurs mains dans le sang de leurs époux souffraient des peines moins cruelles que les impies hypocrites.
FÉNELON. *Télémaque.*

Enfin il paraît, ce terrible Attila, au milieu des flammes qui *ont* CONSUM-5 la ville d'Aquilée. Il se regarde comme l'instrument du Ciel; il reproche à ses ennemis leurs fautes, comme s'il n'*avait* pas COMM-9 plus de fautes qu'eux.
Madame de STAEL.

Il n'est rien qui du peuple écarte les injures,
Souvent le meilleur prince *a* CAUS-5 des murmures.
LE FRANC DE POMPIGNAN.

42ᵉ DICTÉE.

Constantin-le-Grand *a* DONN-5 la paix à l'Église.

Ils *ont* sur votre peuple EXERC-5 leur furie,
Ils n'*ont* PENS-5 qu'à l'affliger;
Ils *ont* SEM-5 dans leur patrie
L'horreur, le trouble et le danger :
Ils *ont* de l'orphelin ENVAH-9 l'héritage,
Et leur main sanguinaire *a* DÉPLOY-5 sa rage
Sur la veuve et sur l'étranger.
J.-B. ROUSSEAU. *Odes.*

Ceux qui *ont* REND-12 de grands services à leur patrie ont presque toujours été funestes à la liberté.

Dieu *a* CRÉ-5 la terre, le soleil et les animaux pour le service de l'homme.

N• 4, son É. —— Nº 5, son É. —— Nº 9, son I. —— Nº 12, son U.

L'animal de somme (âne)
Passe du jardinier aux mains d'un corroyeur,
La pesanteur des peaux et leur mauvaise odeur
Eurent bientôt CHOQU-5 l'impertinente bête.

LA FONTAINE. *Fables.*

Vous *avez* F-4 des fautes dont vos ennemis *ont* PRO-FIT-5.

Cette foule de chefs, d'esclaves, de muéts,
M'*ont* VEND-12, dès longtemps, leur silence et leurs vies.

RACINE.

J'*avais* D-9, à vos pieds, la simple vérité,
J'*avais* déjà FLÉCH-9 votre cœur IRRIT-5.

VOLTAIRE.

43ᵉ DICTÉE.

Tous les participes doivent s'y accorder, parce que dans toutes les phrases qu'elle renferme le complément est exprimé avant le participe. = Remarquer que ce complément est presque toujours un pronom.

Quelles glorieuses victoires la France n'*a-t-elle* pas REMPORT-5 !

Quelles fables de La Fontaine *avez*-vous RÉCIT-5 ?

Si Dieu nous *a* DISTINGU-5 des autres animaux, c'est surtout par la parole.

Les solides trésors sont ceux qu'on *a* DONN-5.

RACINE fils. *La Religion.*

Que pensez-vous de l'Iliade d'Homère ? = Je ne l'*ai* point encore L-12.

Les meilleures harangues sont celles que le cœur *a* DICT-5.

MARMONTEL.

La gloire — que nous *ont* LAISS-5 nos ancêtres — nous

N° 5, son É.   ——   N° 9, son I.   ——   N° 12, son U.

---

a PLONG-5 dans des erreurs où moins ENORGUEILL-9 nous ne *serions* point TOMB-5.

Voilà l'armée que sa valeur *a* REND-12 victorieuse.

Quelque gloire que M. de Lamoignon *ait* ACQU.. (participe d'*acquérir*) en faisant observer la discipline. je n'en parlerais qu'en tremblant s'il ne l'*avait* lui-même OBSERV-5.

FLÉCHIER.

Pauvre Didon, où t'*a* RÉD.. (participe de *réduire*) De tes maris le triste sort?

CHARPENTIER. Trad. d'Ausone.

Condillac fut l'un des esprits les plus sages et les plus judicieux que nous *ayons* 12 dans ce siècle.

VOLTAIRE.

C'est (la goutte) une maladie que j'*ai* CR..(part. de *craindre*).

RACINE.

Il pouvait se soulager en se plaignant des embarras qu'il *avait* ÉPROUV-5, et de l'interruption qu'*avaient* SUB-9 ses travaux favoris.

W. SCOTT. *L'Antiquaire.*

44ᵉ DICTÉE.

Quelles admirables poésies j'*ai* L-12 !

Quels dessins *avez*-vous COPI-5?

Dieu nous *avait* CRÉ-5 pour le bonheur, et la désobéissance d'Adam et d'Ève nous *a* PRÉCIPIT-5 dans un abîme de maux.

Madame de Sévigné dit à sa fille : Il me semble que je ne vous *ai* pas assez EMBRASS-5 en partant. Qu'avais-je à ménager? Je ne vous *ai* point assez RECOMMAND-5 à

N° 5, son É.   ——   N° 12, son U.

monsieur de Grignan, je ne l'*ai* point assez REMERCI-5 de ses politesses.

> Madame de SÉVIGNÉ. *Lettres.*

O restes que j'adore! j'irai aux lieux où je vous *ai* LAISS-5!... mais si les bêtes sauvages les *ont* DÉVOR-5!

> LE TASSE. *Jérusalem délivrée.*

Non, le malheur ne nous *a* pas REND-12 insensibles.

L'avenir se tourne presque toujours bien autrement que nous ne pensons, et les choses mêmes que Dieu en *a* RÉVÉL-5 arrivent en des manières que nous n'*aurions* jamais PRÉV-12; qu'on ne me demande donc rien sur l'avenir.

> BOSSUET. *Explicat. de l'Apocalypse.*

Jugez par les inquiétudes que m'*a* CAUS-5 votre maladie...

> RACINE.

L'humidité est la chose que j'*ai* toujours le plus CR.. (participe de *craindre*) pour mes rhumatismes.

Une furie leur répétait avec insulte toutes les louanges que leurs flatteurs leur *avaient* DONN-5 pendant leur vie.

> FÉNELON. *Télémaque.*

J'eus la mortification de voir mon habit, ma veste et ma chemise, que j'*avais* LAISS-5 sur le rivage, flotter et s'en aller au gré de l'eau.

> Daniel de FOÉ. *Robinson Crusoé.*

45ᵉ DICTÉE.

Aurais·tu V-12 mes deux paires de ciseaux anglais?— je les *avais* SERR-5 hier dans mon nécessaire que j'*avais* FERM-5 à clef, ce matin je ne les y *ai* plus TROUV-5; tu y *as* sans doute TOUCH-5: tâche de te rappeler où tu peux les *avoir* PLAC-5.

Nº 4, son È. —— Nº 5, son É. —— Nº 9, son I. —— Nº 12, son U.

Les Juifs, — que Nabuchodonosor *a* EMMEN-5 à Babylone,—*ont* CONSERV-5 la vraie religion dans la captivité,
bien qu'ils *fussent* ENTOUR-5 de nations VOU-5 au culte
des idoles.

La pauvre fille dit :

    J'*ai* PLEUR-5 quatorze printemps.
    Loin des bras qui m'*ont* REPOUSS-5 ;
    Reviens, ma mère, je t'attends
    Sur la pierre où tu m'*as* LAISS-5.
                           Alexandre SOUMET.

Le maréchal de Biron dit à ses juges : Je vous *ai* RÉ-
TABL-9, Messieurs, sur les fleurs de lis, d'où les saturnales
de la Ligue vous *avaient* CHASS-5 : ce corps qui dépend de
vous aujourd'hui n'a veine qui n'*ait* SAIGN-5 pour vous ;
cette main, qui *a* ÉCR.. (participe d'*écrire*) ces lettres
PROD.. (participe de *produire*) contre moi, *a* F-4 tout
le contraire de ce qu'elle écrivait. J'*ai* VOUL-12 mal faire,
mais ma volonté n'a jamais PASS-5 les bornes d'une
première pensée, ENVELOPP-5 dans les nuages de la colère et du dépit.

Que de Français *ont* PÉR-9 à Moscou !

Depuis Bacon, les sciences *ont* MARCH-5 rapidement,
il les *a* pour ainsi dire RECRÉ-5.

Que d'arbres *ont* SURVÉC-12 à ceux qui les *avaient*
PLANT-5 ! que de moissons n'*ont* point *été* RECUEILL-9 par
ceux qui les *avaient* SEM-5 !

Tous mes parents sont bien portants, EXCEPT-5 ma
sœur Annette.

46ᵉ DICTÉE.

Elle *a* RACHET-5 ses péchés par les aumônes qu'elle *a*

N° 5, son É. —— N° 9, son I. —— N° 12. son U.

RÉPAND-12, et elle les *a* EXPI-5 par la pénitence qu'elle *a* SOUTEN-12.

FLÉCHIER.

L'évêque de Meaux *a* CRÉ-5 une langue que lui seul *a* PARL-5.

CHATEAUBRIAND.

Les livres — que vous *avez* DÉCHIR-5 — m'*avaient* PAR-12 bons, vous nous *avez* bien NU-9 quand vous les *avez* ANÉANT-9.

Ces deux guerriers *étaient* LEV-5, déjà ils *avaient* REVÊT-12 leur armure :... ils suivirent le vieillard dans les routes que la veille ils *avaient* PARCOUR-12.

LE TASSE. *Jérusalem délivrée.*

Gustave, *avez*-vous L-12 la Jérusalem délivrée du Tasse? elle fait partie des livres que votre père *a* ACHET-5 l'année dernière.

Tous aiment et respectent Numa, ce sentiment les *a* REND-12 frères. — Nous *avons* L-12 cette phrase dans les œuvres de Florian.

Quelques bonnes raisons que nous *ayons* ALLÉGU-5 à nos professeurs pour obtenir un congé, ils *ont* PERSIST-5 à nous faire la classe, et nous y *avons* ASSIST-5.

Si la captivité nous *eût* REND-12 insensibles nous n'*aurions* pas autant PLEUR-5 sur les malheurs de la patrie.

Tous mes maux *sont* GUÉR-9, EXCEPT-5 ma migraine, — (ou : Ma migraine EXCEPT-5).

47ᵉ DICTÉE.

Il me restait une chétive maison, je l'*ai* V-12 PILL-5 et DÉTR.. (participe de *détruire*).

VOLTAIRE.

Nº 5, son É   —   Nº 9, son ı.   —◆—   Nº 12, son u.

La Grèce en ma faveur *est* trop ɪɴQuɪÉT-5,
De soins plus importants je l'*ai* cr-12 ᴀɢɪᴛ-5.
Rᴀᴄɪɴᴇ. Andromaque.

Je ne vous rends, Madame, qu'une partie des dentelles que vous m'*avez* ᴅᴏɴɴ-5 à raccommoder ; les autres m'*ont* ᴘᴀʀ-12 trop ᴅÉᴄʜɪʀ-5, elles m'*ont* sᴇᴍʙʟ-5 trop ᴇɴᴅᴏᴍᴍᴀɢ-5 pour pouvoir *être* bien ʀÉᴘᴀʀ-5.

Déjà, pour l'honneur de la France, *était* ᴇɴᴛʀ-5 dans l'administration des affaires un homme ʀᴇᴍᴘʟ-9 de ces dons excellents que Dieu fait à certaines âmes qu'il *a* ᴄʀÉ-5 pour être maîtresses des autres.
FʟÉᴄʜɪᴇʀ.

En parlant d'une épée, Racine a dit :
Je l'*ai* ʀᴇɴᴅ-12 horrible à ses yeux inhumains.

Les âmes des héros qu'*a* ᴄʜÉʀ-9 la patrie
S'en vont habiter quelque temps
Dans le corps des éléphants blancs.
Fʟᴏʀɪᴀɴ. Fables.

Aʀʀɪᴠ-5 au Havre à cinq heures, nous *sommes* ᴅᴇsᴄᴇɴᴅ-12 à l'Hôtel de France ; nous y *avons* ᴅÎɴ-5, et l'on nous y *a* bien sᴇʀᴠ-9. = Quels mets vous *a*-t-on sᴇʀᴠ-9 ? = Après le potage on nous *a* sᴇʀᴠ-9 deux perdrix aux choux, un faisan, une omelette sᴏᴜFFʟ-5, et du plum-pudding au rhum.

Combien de fois la reine *a*-t-elle ʀᴇᴍᴇʀᴄɪ-5 la Providence de deux grandes grâces qu'elle lui *avait* ᴀᴄᴄᴏʀᴅ-5 ; l'une de l'*avoir* F.. (participe de *faire*) chrétienne, l'autre de l'*avoir* F.. (participe de *faire*) reine malheureuse !

..... Par un long récit de toutes les misères
Que durant notre enfance *ont* ᴇɴᴅᴜʀ-5 nos pères,
Il.....
Cᴏʀɴᴇɪʟʟᴇ.

On *a* VEND-12 nos propriétés, voilà la part que j'en *ai* 12.

48ᵉ DICTÉE.

Les copies sont exactes, Monsieur, je vous les *ai* RENVOY-5 COLLATIONN-5.

Où *as-*tu CACH-5 cette image?=Je ne l'*ai* point CACH-5, je l'*ai* LIVR-5 aux flammes.

> Elle (la mère) revient soudain
> S'assurer qu'en effet sa fille encor respire;
> Puis, sous les blancs rideaux qu'*a* SOULEV-5 sa main,
> De la mère du Christ apercevant l'image :
> « Toi qui fus mère aussi, tu conçois mes douleurs. »
> CAMPENON. *Élégies.*

Où *ont été* DÉPOS-5 les cinq barils d'huile — que nous *avons* ACHET-5 de M. Bertrand?=Les voituriers — qui les *ont* APPORT-5 — *sont* ALL-5 se coucher de bonne heure; ils *ont* COUCH-5 dans une mauvaise auberge du voisinage, et ne nous *ont* point D-9, avant de s'y rendre, dans quel endroit ils *avaient* DÉPOS-5 les barils qu''ils *avaient* 12 en leur garde, qu'on leur *avait* CONFI-5.

Mon esprit et mon caractère *avaient* déjà PR-9 une tournure différente de celle que m'*avait* DONN-5 ma triste éducation.

BUFFON.

ÉNIVR-5 de leur propre grandeur, les rois oublient celui qui les *a* F-4 grands.

FLÉCHIER.

> Quoi, même en ce moment, je puis voir sans alarmes
> Ces yeux que n'*ont* ÉM-12 ni soupirs, ni terreur;
> Qui m'*ont* SACRIFI-5 l'Empire et l'empereur !

N⁰ 5, son É.   ——   N⁰ 9, son ı.   ——   N⁰ 12, son u.

Des milliers de Chrétiens *ont*, il est vrai, SUCCOMB-5 dans les guerres saintes, mais ils *ont* PÉR-9 avec gloire ; mais ils *ont* ILLUSTR-5 leurs patries respectives par la valeur qu'ils *ont* DÉPLOY-5, et ils les *ont* ENRICH-9, DOT-5 de précieux éléments de civilisation.

49ᵉ DICTÉE.

Je regrette les peines que vous m'*avez* COÛT-5.

Si vous saviez toutes les salutations que mon habit m'*a* VAL-12 !

Elle mourut sans moi..... je la vis expirer,
     Et je l'*aurais* bientôt SUIV-9
Si Gustave n'*eût* D-9 : Tu m'*as* DONN-5 ta vie,
Conserve-la pour moi ! — c'était pour le pleurer.
         Alexandre GUIRAUD. *La jeune Catalane.*

Prions pour eux, nous qu'ils *ont* tant AIM-5 !
Ils t'*ont* PRI-5 (Dieu) pendant leur courte vie !
Ils *ont* SOUR-9 quand tu les *as* FRAPP-5 !
Ils *ont* CRI-5 : Que ta main *soit* BÉN-9 !
Dieu tout espoir, les *aurais*-tu TROMP-5 ?....
     Et cependant...
Nous *auraient*-ils OUBLI-5 sans retour ?
         Alphonse de LAMARTINE. *Harmonies.*

Pour sauver son crédit, il faut cacher sa perte,
Celle que par malheur nos gens *avaient* SOUFF.. (par-
     Ne se put réparer.   [ticipe de *souffrir*)
         LA FONTAINE. *Fables.*

Il a dix mille francs nets de revenu, y COMPR-9 la maison qu'il habite.

L'indulgence que l'on *a* 12 pour quelques-unes de

mes fables me donne lieu d'espérer la même grâce pour ce recueil.

LA FONTAINE. Préface.

Il n'était point de ces fiers perroquets
Que l'art du monde *a* REND-12 trop coquets.

GRESSET. Ver-Vert.

L'armure — qui revêt tout le corps du crocodile, EXCEPT-5 la tête, — *est* COMPOS-5 d'écailles.

BUFFON.

J'ai le cœur et l'imagination tout REMPL-9 de vous.

Madame de SÉVIGNÉ. Lettres.

Licinius proposa aux soldats romains de se retirer en emportant avec eux leurs enseignes qu'ils *avaient* JUR-5 de ne pas quitter.

SÉGUR. Hist. rom.

50ᵉ DICTÉE.

Un enfant devient plus précieux en avançant en âge, au prix de sa personne se joint celui des soins qu'il *a* COÛT-5.

J.-J. ROUSSEAU.

Cent francs, il les vaut bien. = Il ne les *a* jamais VAL-12.

BESCHER.

(Pendant la Révolution) Les femmes n'étaient plus les Françaises d'autrefois : le malheur, ou plutôt le spectacle du malheur *avait* RANIM-5 leur sensibilité, EXALT-5 leur imagination ; elles *étaient* DEVEN-12 sinon beaucoup plus raisonnables, du moins plus sérieuses : l'habitude des privations les *avait* RAMEN-5 à chercher dans les sentiments leurs consolations et leurs jouissances.

Madame de RÉMUSAT. Éducat. des femmes.

Seigneur, vous *avez* toujours AGRÉ-5 les prières de ceux qui sont humbles et doux.

5.

N° 5, son É.   ——   N° 12, son U.

Quand je considère en moi-même les périls extrêmes et continuels qu'*a* COUR-12 cette princesse sur la mer et la terre....

BOSSUET. *Oraisons fun.*

Le cœur est un aveugle à qui *sont* D-12 toutes nos erreurs.

SAINT-EVREMONT.

La presse n'est ni un instrument, ni un commerce. V-12 sous le rapport politique, la presse est une institution.

De BALZAC. *Scènes de la vie etc.*

Il n'est point de voyageur qui, retournant en esprit sur ses pas, et rappelant le souvenir des tempêtes qu'il *a* ESSUY-5, ne fasse aussi mention des rayons de lumière qui en *ont* un moment TEMPÉR-5 les horreurs.

Le P. GÉRAMB. *Voyage à Rome.*

Cette fois, j'*ai* 12 recours à une pensionnaire de mes amies, c'est sous son adresse ci-J.. (participe de *joindre*) que je vous prie de me faire passer vos réponses.

Bernardin de SAINT-PIERRE. *Paul et Virginie.*

———————

Lorsque devant un participe on voit un mot quelconque du verbe ÊTRE *précédé de* JE ME, *ou* TU TE, *ou* IL SE, ELLE SE ; NOUS NOUS, VOUS VOUS, ILS SE, CES PERSONNES SE, *etc.,* etc.; — *ce mot du verbe* ÊTRE *est employé en place d'un mot du verbe* AVOIR : *c'est un FAUX VERBE ÊTRE;*

Or l'infinitif ÊTRE *est employé pour l'infinitif* AVOIR *quand on voit devant lui* ME, TE, SE, NOUS, VOUS.

Les pronoms ME, TE, SE, NOUS, VOUS *sont compléments du verbe — lorsque (dans la traduction des phrases où ils figurent) ils peuvent se remplacer par :* MOI; TOI; SOI, LUI, *ou* ELLE ; NOUS; VOUS; EUX *ou* ELLES.

REMARQUE. *Le participe placé après :* JE ME SUIS, TU TE SERAIS, IL SE SERA, NOUS NOUS ÉTIONS, *etc.*, *s'accorde avec le complément du verbe-logique (d'après le principe donné par la règle deuxième).*

Nº 5, son É. —— Nº 9, son I. —— Nº 12, son U.

51ᵉ DICTÉE.

Lorsqu'on se fera les questions indispensables pour l'intelligence de l'accord du participe, on devra changer le *faux verbe être* en un mot du verbe avoir correspondant pour le temps, la personne et le nombre : (voir dans la première section la *traduction* de la 15ᵉ dictée, et l'imiter).

Je ne me suis jamais PL.. (participe de *plaindre*) sans sujet (dit Adèle), et jamais je ne me suis REPENT-9 d'*avoir* SUIV-9 cette voie.

Élise, tu t'es SOUVEN-12 de nos conventions ; tu t'es APPLIQU-5 à te montrer gracieuse, n'est-il pas vrai ?

Il s'est OPÉR-5 de grands changements dans la France depuis soixante ans, cette contrée s'est PLAC-5 en première ligne entre celles où l'industrie *est* le plus CULTIV-5.

Nous (hommes) ne nous sommes pas SOUCI-5 de chasser aujourd'hui.

Nous (femmes) nous sommes LOU-5 à outrance.

Vous (masc.) avez tort de vous être MOQU-5 du qu'en dira-t-on.

Vous (fém.) êtes-vous APERÇ-12 de vos erreurs ?

Ils se sont ÉCRI-5 dès qu'ils *ont* V-12 nos sœurs, et elles se sont ENFU-9 à toutes jambes.

Nos amies se sont bien RÉCRÉ-5 ensemble.

(*) On trouvera dans le **CORRIGÉ** entre deux crochets, après le *faux verbe être*, le mot du verbe *avoir*, véritable *auxiliaire* avec lequel le participe est employé.

N° 5, son É. —— N° 9, son I. —— N° 12, son U.

52ᵉ DICTÉE.

Faire toujours la traduction, comme dans la 15ᵉ dictée et les suivantes.

Je (Anna) me suis fort RÉJOU-9 en apprenant que tu (Bathilde) t'es DÉCID-5 à voyager avec nous.

Combien l'industrie française s'est DÉVELOPP-5! depuis trente ans elle s'est ENRICH-9 et PERFECTIONN-5 d'une façon merveilleuse; nous (hommes) nous en sommes APERÇ-12 principalement lors de l'Exposition universelle de Londres.

Mesdemoiselles, vous êtes-vous RÉCRÉ-5 à Dieppe? Vous êtes-vous PROMEN-5 sur mer?

Malheur aux femmes qui se seraient MOQU-5 de l'opinion publique! qui se seraient HABITU-5 à braver ses condamnations!

———◦◦———

Les pronoms ME, TE, SE, NOUS, VOUS *ne sont jamais compléments du verbe lorsqu'ils peuvent se remplacer par* A MOI; A TOI; A SOI, A LUI *ou* A ELLE; A NOUS; A VOUS; A EUX *ou* A ELLES : — or :

Quand les pronoms ME, TE, *etc. peuvent se remplacer par* A MOI, A TOI, *etc., le participe qui les suit ne doit jamais s'accorder avec eux.*

53ᵉ DICTÉE.

Je (Coraly) me suis toujours PL-12 dans la société des bons.

Tu (Estelle) t'étais NU-9 par ta légèreté.

Albine s'est R-9 de toutes les remontrances qu'on lui a F.. (participe de *faire*), — et elle s'est COMPL-12 dans cet esprit de révolte.

N° 5, son É. —— N° 9, son I. —— N° 12, son U.

Nous (hommes, nous étions succéd-5.

Nous (femmes) nous serions parl-5 plus longtemps,
si...

Ne vous (femmes) êtes-vous pas sour-9 fréquemment quoique vous vous soyez défl-12 à la première
vue?

Que d'hommes se sont survéc-12!

Que de jeunes filles se sont entre-nu-9 !

54ᵉ DICTÉE.

Si vous (femmes) ne vous êtes pas compl-12 dans vos
enfants, vous vous êtes nu-9 dans l'esprit de tout être
qui sent et qui pense, vous vous êtes dépl-12 à vous-
mêmes.

Les poètes épiques se sont toujours pl-12 à décrire
les batailles.

Esther, ne t'es-tu pas sour-9 en passant devant la
glace ?

Depuis trente ans, les évènements se sont succéd-5
avec une variété et une rapidité incroyables.

La Macédoine s'est survéc-12, j'entends qu'elle a sur-
véc-12 à la gloire dont Alexandre l'avait combl-5.

Les hommes se sont r-9 des avertissements de Noé,
et ils ont été englout-9 dans les eaux du déluge.

55ᵉ DICTÉE.

Dans cet exercice et dans les suivants les pronoms me, te, se, etc. seront
tantôt compléments, — tantôt non compléments du verbe-logique.
Faire toujours la traduction.

Ces petits étourdis se sont frapp-5 à la tête; ils se
sont frapp-5 la tête, ils se la sont rudement frapp-5.

N° 5, son É.   ——   N° 9, son I.   ——   N° 12, son U.

Elles se sont PROPOS-5 comme des modèles de douceur.

LEMARE.

Ils ne s'y sont PROPOS-5 pour exemple que la constitu-
tion la plus simple des Anciens.

Aline et Claire se sont souvent PARL-5 des yeux.

La langue latine et la langue grecque se sont PARL-5
longtemps, maintenant elles *sont* DEVEN-12 des langues
mortes.

Il s'est PRÉSENT-5 deux nouveaux candidats qui se sont
ENTRE-NU-9, ils *ont* PARL-5 d'eux-mêmes bien plus longtemps que les autres candidats qui s'étaient PRÉSENT-5
avant eux.

Je (Léonie) me suis REPENT-9 d'*avoir* D-9 à Louise que
Lucie et toi (Marguerite) vous vous êtes DÉPL-12 à la
campagne de sa mère.

Soupçonn-5 à tort ou à raison de quelques infidélités,
ces deux domestiques se sont NU-9 dans l'esprit de leur
maîtresse, parce qu'elles se sont ENFU-9 en apprenant
son retour.

Je (Laure) ne me suis pas AVIS-5, sois en bien sûre,
Céline, de dire à ton frère que tu t'es R-9 de sa més-
aventure.

Ils se sont PERSUAD-5 tout ce qu'ils *ont* VOUL-12 se
persuader.

Ces dames se sont PERSUAD-5 mutuellement, l'une
a PERSUAD-5 l'autre.

Je ne croyais pas que les évènements se seraient autant RESSEMBL-5.

No 4, son Ê. —— No 5, son É. —— No 9, son I. —— No 12, son U.
No 17, son IN.

56ᵉ DICTÉE.

Mathilde s'est PIQU-5, elle s'est PIQU-5 les doigts; elle *a* beaucoup PLEUR-5, nous l'*avons* CONSOL-5 avec peine.

L'enfant et la femme — que vous *avez* SECOUR-12 — *sont* VEN-12 demander à ma mère de nouveaux secours, mais ils se sont NU-9 dans son esprit parce qu'ils se sont PL-17 d'*être* ABANDONN-5.

La religieuse, qui s'étant entièrement DONN-5 à Dieu *a* RENONC-5 complètement à tous les souvenirs de ce monde, joùit d'une paix qui nous est inconnue.

Lise. tu t'es DONN-5 une peine inutile en cherchant à me nuire.

Victoire s'était DÉM-9 l'épaule, ou CASS-5 la clavicule.

Je (Herminie) me suis souvent DEMAND-5 pourquoi je m'étais peu SOUCI-5 de lier connaissance avec Pulchérie.

Vous seriez-vous jamais DOUT-5, Mesdames, que vous vous seriez SUCCÉD-5 dans les bonnes grâces de la princesse ?

Jenny s'est fort RÉCRÉ-5 d'abord à la campagne; mais quand l'arrière-saison *est* VEN-12, cette enfant s'y est DÉPL-12 autant qu'elle s'y était AMUS-5.

Une foule d'écrivains se sont PL-12 à recueillir tout ce que les femmes *ont* F-4 d'éclatant.

Zoé s'est PL.. (participe de *plaindre*) de vous. Adeline; elle m'*a* D-9 que vous vous étiez PL-12 à lui être désagréable, et que vous vous étiez MOQU-5 d'elle après lui *avoir* F-4 de la peine.

No 4, son È. —— No 5, son É. —— No 9, son I. —— No 30, son R.

57ᵉ DICTÉE.

Tes femmes se sont IMAGIN-5 que ton départ leur laissait une impunité entière.

MONTESQUIEU.

Ils se sont REPENT-9 de leurs erreurs.

Les hommes — que Dieu *a* CRÉ-5 libres — se sont F-4 les esclaves de leurs passions.

Dieu n'*a* DONN-5 aux hommes ni canons ni baïonnettes, et ils se sont F-4 des canons et des baïonnettes pour se détruire.

VOLTAIRE.

Les deux frères *avaient* ÉT-5 jusque-là si discrets qu'ils s'étaient CACH-5 l'un à l'autre leur passion.

VOLTAIRE.

Soyez sévères, et vous *serez* OBÉ-9.

DE SÉGUR. *Hist. rom.*

Les Français s'étaient ouv.. (participe d'*ouvrir*) une retraite glorieuse par la bataille de Fornoue.

VOLTAIRE.

Ils se sont OUVE-30 de leurs desseins à leurs ennemis les plus dangereux.

VOLTAIRE.

L'âme du sage s'est SERV-9 de pâture à elle-même.

BESCHER.

Ces oiseaux, par leurs chants, se sont mutuellement ATTIR-5.

J'admire, j'en conviens, l'accord des trois grands frères,
    Pluton, Neptune, Jupiter,   [guerre,
Qui se sont DIVIS-5, [PARTAG-5] sans tumulte et sans
    Le ciel, et la mer, et l'enfer.

François de NEUFCHATEAU.

Nᵒ 4, son Ê. —— Nᵒ 5, son É. —— Nᵒ 9, son I. —— Nᵒ 12, son U.

Ils se sont DONN-5 l'un à l'autre une promesse de mariage.

MOLIÈRE.

Si nous n'avions rien de neuf à dire, se sont ÉCRI-5 les parleurs !

VOLTAIRE.

Les injures se sont SUCCÉD-5 sans interruption.

58ᵉ DICTÉE.

Les Chrétiens s'étaient IMAGIN-5 qu'ils domineraient dans la Grèce.

MONTESQUIEU.

J'estime après tout que ce sont des fautes dont ils ne se sont pas SOUCI-5.

BOILEAU.

Insectes invisibles, que la main du Créateur s'est PL-12 à faire naître dans l'abîme de l'infiniment petit...

VOLTAIRE.

Les sages de tout temps se sont SERV-9 des fous.

VOLTAIRE.

La paix est plus douce que tous ces fruits, c'est pourquoi nous nous sommes RETIR-5 dans ces hautes montagnes.

FÉNELON.

J'ai F-4 autrefois les mêmes fautes dont je me suis RE-PENT-9.

Madame de SÉVIGNÉ.

Les cavaliers qui ont SUCCOMB-5 sous vos coups se sont eux-mêmes ATTIR-5 leur malheur.

LESAGE.

Les hommes se sont DIVIS-5, et ont ÉT-5 la proie des méchants.

LEMARE.

Saturne, ıss-12 du commerce du Ciel et de la Terre, eut trois fils qui se sont PARTAG-5 le domaine de l'univers.

BARTHÉLEMY.

Les grands génies se sont SURVÉC-12 à eux-mêmes.

BOURSON.

Ma fille s'en est ALL-5, de son plein gré, avec ces jeunes demoiselles.

VOLTAIRE.

Les femmes *ont* COLOR-5 leur visage quand les roses de leur teint se sont FLÉTR-9.

BUFFON.

Les eaux se sont PRATIQU-5 des cours souterrains.

VOLTAIRE.

Si les Solons et les Lycurgues modernes se sont MOQU-5 de vous, les nouveaux Triptolèmes se sont encore plus MOQU-5 de moi.

VOLTAIRE.

59ᵉ DICTÉE.

Ces deux campagnards, qui s'étaient DISPUT-5, qui s'étaient INJURI-5 hier chez monsieur N..., et qui s'y sont PRODIGU-5 les épithètes les plus grossières, se sont RENCONTR-5 ce matin dans une rue déserte : ils se sont CHERCH-5 chicane; puis enfin ils se sont BOX-5 : ils se sont si violemment BATT-12 qu'ils se sont CASS-5 deux ou trois dents.

Soyons tels que nous nous sommes PROPOS-5 de devenir.

Ces dames s'étaient PRESCR.. (participe de *prescrire*) des règles de conduite qu'elles se sont V-12 FORC-5 d'abandonner, elles se seraient REND-12 désagréables à

---

tout leur entourage si elles les *avaient* strictement OB-SERV-5.

Que de gouvernements se sont SUCCÉD-5 en France depuis 1789! vous en trouverez CI-J.. (participe de *joindre*) l'énumération complète.

Jeanne a CONDU-9 hier sa mère à la diligence : jusqu'au moment du départ elle a CONSERV-5 toute sa fermeté ; mais quand l'heure de la séparation a SONN-5, quand la voiture s'est M.. (participe de *mettre*) en mouvement, et que la malheureuse jeune fille s'est V-12 OBLIG-5 de revenir seule avec la femme de chambre, toute sa force l'a ABANDONN-5, toutes ses résolutions se sont ÉVANOU-9; elle a PLEUR-5, elle a SANGLOT-5, elle s'est TROUV-5 mal.

Lorsque la romaine Lucrèce s'est V-12 DÉSHONOR-5, elle s'est PLONG-5 un poignard dans le sein, elle s'est DONN-5 la mort : ses parents se sont MONTR-5 dignes d'elle, ils l'*ont* VENG-5 ; dès lors la tyrannie de Tarquin a CESS-5 de désoler Rome, et la République y *a* été FOND-5.

La pauvre Fanchon s'était PL.. (participe de *plaindre*) de beaucoup de maux de tête tout le matin.

RACINE.

60° DICTÉE.

Nos jeunes cousins se sont ÉCR-9 et se sont RÉPOND-12 ; toute la ville s'est AMUS-5 à répéter les balivernes et les niaiseries qu'ils se sont RÉPOND-12 : ils se sont PARL-5 non de leurs études, mais de leurs passe-temps ; ils se sont AVOU-5 les tours qu'ils se sont JOU-5, se sont ENTRETEN-12 des jeux auxquels ils *ont* JOU-5, et aussi

N° 4, son È. —— N° 5, son É. —— N° 9, son I. —— N° 12, son U.

des pensums qu'ils se sont ATTIR-5, dont on les *a* AC-CABL-5, et de la manière dont ils les *ont* F-4.

Nous nous étions PROPOS-5 des exemples que nous n'*avons* pas SUIV-9.

Les Phéniciens se sont REND-12 maîtres du commerce, ils passent par des chemins qu'on *avait* toujours CR-12 impraticables.

FÉNELON.

Mais que vos yeux sur moi se sont bien EXERC-5!
Qu'ils m'*ont* VEND-12 bien cher les pleurs qu'ils *ont* VERS-5!
De combien de remords m'*ont*-ils REND-12 la proie (dit
[Pyrrhus) !
Je souffre de tous les maux que j'*ai* F-4 devant Troie.

RACINE.

La reine s'est SAUV-5 de ces défauts-là, et nous *avons* V-12 dans sa conduite une dévotion solide. Jamais vierge chrétienne ne s'est DONN-5 tant d'engagements à la piété, et ne s'en est si fidèlement ACQUITT-5.

FLÉCHIER.

Avez-vous SUIV-9 les lois que vous vous étiez IMPOS-5 ?

Nous nous étions IMPOS-5 la nécessité d'être superbes, et nous nous sommes F-4 malheureux ; nous nous sommes ATTIR-5 mille désagréments que nous nous serions ÉPARGN-5, si nous *avions* 12 des sentiments plus modérés.

Jamais jumelles ne se sont RESSEMBL-5 autant que ces dames se ressemblent.

61e DICTÉE.

Les hommes n'*ont* pas encore APPR-9 que (les maux et les biens physiques EXCEPT-5) tout leur bonheur est dans leur pensée.

Madame NECKER.

N° 5, son É. —— N° 9, son I. —— N° 12, son U. —— N° 17, son IN.
N° 30, son R.

Madame de Sévigné dit à sa fille : Comme je n'*ai* REÇ-12 aucune lettre de vous, et que c'est toujours un grand chagrin pour moi, je me suis IMAGIN-5 que vous *aviez été* OCCUP-5 à recevoir madame de Monaco.

Les Athéniens se sont TROUV-5 ASSERV-9 au temps de Périclès sans s'en être APERÇ-12.

La langue — qu'*ont* ÉCR., (participe d'*écrire*) Cicéron et Virgile — *était* déjà CHANG-5 du temps de Quintilien.
BOILEAU.

La science *a* tout ATT-17 de ses regards ; tous les arts lui *ont été* SOUM-9 : l'industrie l'*a* RECONN-12 pour sa régulatrice : elle *a* SUIV-9 et PROTÉG-5 l'homme dans tous ses états, elle s'est ENTRELAC-5 à tous les rapports de la société.
CUVIER.

Ci-J.. (participe de *joindre*) l'expédition du jugement.
Académie.

Il s'est MANIFEST-5 la semaine dernière deux incendies dont nous *avons* SOUFFE-30 ; puis la grêle *a* DÉVAST-5 nos vignes et nos champs, elle *a* ANÉANT-9 toutes nos espérances, elle nous *a* complètement RUIN-5.

L'armée d'Allemagne éprouva à Hochstedt, sur le théâtre même de la victoire de Villars, une des plus cruelles défaites qu'*ait* ESSUY-5 la France. Les généraux s'étaient JET-5 à l'aveugle dans l'Allemagne.
MICHELET. *Hist. mod.*

Là règnent les bons rois qu'*ont* PRODU-9 tous les âges.
VOLTAIRE. *Henriade.*

Après la mort d'Épaminondas, Thèbes retomba dans l'obscurité d'où il l'*avait* TIR-5.

N° 4, son É. —— N° 5, son É. —— N° 9, son I. —— N° 12, son U.

SUPPOS-5 toutes les circonstances qu'on *a* RAPPORT-5, je crois que...

Ma patrie, ma famille, mes amis se sont PRÉSENT-5 à mon esprit, et ma tendresse s'est RÉVEILL-5.

MONTESQUIEU.

62° DICTÉE.

Les Romains s'étaient F-4 à la discipline, la sévérité de Manlius et l'exemple de Régulus y *ont* beaucoup CON-TRIBU-5.

LEMARE.

Les nations qui l'*ont* RECUEILL-9 (l'héritage de la science antique) *sont* DEVEN-12 les maîtresses du monde, celles qui l'*ont* NÉGLIG-5 *sont* TOMB-5 dans la faiblesse et l'obscurité.

CUVIER.

Sidonie s'est MOQU-5 de moi, elle s'est RÉCRÉ-5 à mes dépens, elle s'est R-9 de ma bienveillante confiance.

A quoi *avez-vous* SONG-5, Messieurs? je vous *avais* CR-12 AGIT-5 de soins plus importants.

INTERROG-5 sur leur patrie, Pierre et Marc se sont D-9 allobroges; c'est ainsi qu'ils *ont* DÉGUIS-5 leur vrai nom de savoyards ou savoisiens.

Vous trouverez ci-INCL.. (participe d'*inclure*) la copie que vous me demandez.

Quels que soient les libelles qu'on *a* PUBLI-5 contre nous, quelque virulents qu'on les *ait* TROUV-5, nous n'y *avons* pas RÉPOND-12; nous nous sommes CONTENT-5 de mépriser leurs lâches auteurs.

Julie *a* PRÉSENT-5 votre jolie aquarelle à ma tante, qui l'*a* AGRÉ-5 avec une satisfaction véritable.

No 5, son É. ——— No 12, son U.

Je vois, ô étrangers, que les dieux, qui vous *ont* si mal PARTAG-5 pour tous les dons de la fortune, vous *ont* AC-CORD-5 une grande sagesse.

FÉNELON.

Ces deux duellistes se sont TIR-5 deux coups de pistolet; ils se les sont TIR-5 presque à bout portant, et se sont MANQU-5.

63e DICTÉE.

Lucie et ses deux frères se sont DÉCID-5 à faire un petit voyage, je les *ai* v-12 partir, je les *ai* LAISS-5 partir; je ne les *ai* point ACCOMPAGN-5.

Ces dames que tu *as* v-12 danser avec tant de grâce se sont FOUL-5 un nerf, elles *sont* RETEN-12 au lit.

Elle s'est v-12 renaître dans ce jeune prince qui fait vos délices et les nôtres.

BOSSUET.

L'actrice que j'*ai* ENTEND-12 hier déclamer des vers de Corneille n'a pas toujours des inflexions justes.

Je vous *ai* LAISS-5, tous les deux, quereller
Pour voir où tout cela pourrait enfin aller.

LONGEPIERRE.

Les messagers que j'*ai* ENVOY-5 chercher des nouvelles reviendront bientôt.

De jeunes serviteurs que son toit *a* v-12 naître
Animent la maison, et bénissent leur maître.

ANDRIEUX.

Que cette calèche que j'*ai* v-12 partir est bien précisément ce qui m'occupe!

Madame de SÉVIGNÉ.

Elle s'est LAISS-5 aller à sa passion.

Académie.

No 4, son É. —— No 5, son É. —— No 9, son I. —— No 12, son U.

Les personnes — que j'*ai* ENTEND-12 chanter chez vous — m'*ont* F-4 beaucoup de plaisir.

Je les *ai* ENVOY-5 cueillir des fruits, puiser de l'eau, couper du bois, chercher des nids d'oiseaux.

Les cloches que nous *avons* ENTEND-12 sonner et résonner nous *ont* ENDOMMAG-5 le tympan, parce que nous les *avons* ENTEND-12 sonner de trop près : nous nous sommes DEMAND-5 mutuellement quelles étaient nos impressions; nos voisins nous *ont* ENTEND-12 raisonner longuement sur les phénomènes de la production et de la propagation du son.

64ᵉ DICTÉE.

(En parlant d'une femme on a dit :) Je l'*ai* V-12 souffrir et mourir sans jamais marquer un instant de faiblesse.

J.-J. ROUSSEAU.

Pendant qu'on vous *a* LAISS-5 gouverner la France, qu'*est*-elle DEVEN-12?

Il est écrit que Dieu n'*a* pas RÉVÉL-5 ses jugements aux Gentils, et qu'il les *a* LAISS-5 errer dans leurs voies.

PASCAL.

La cantatrice — que j'*ai* ENTEND-12 débuter hier au soir — *a* RÉUSS-9 au-delà de ses espérances.

Ceux — qui se sont SENT-9 mourir — *ont* 12 une triste fin, ils *ont* mal FIN-9; ils *ont* bien SOUFF.. (participe de *souffrir*).

Les Parques '*ont* ACCOURC-9 le fil de ses jours; et il a été comme une fleur à peine ÉCL.. (participe d'*éclore*), que le tranchant de la charrue coupe, et qui tombe avant la fin du jour où on l'*avait* V-12 naître.

FÉNELON.

N° 5, son É. —— N° 9, son ı. —— N° 12, son ʊ.

Elle (Virginie) *était* à moitié couv.. (participe de *couvrir*) de sable, dans l'attitude où nous l'*avions* v-12 périr.

Bernardin de SAINT-PIERRE.

Avec des soins, on *aurait* SAUV-5 cette personne, on l'*a* LAISS-5 mourir.

WAILLY.

Les *a*-t-on v-12 souvent se parler, se chercher?

RACINE.

Dans quel chenil vous les *avez* ENVOY-5 coucher, ces porteballes qui *avaient* RÉCLAM-5 de vous l'hospitalité pour une nuit!

Madame d'Arpajon avance un pas, coupe la duchesse (de Gèvres), prend et donne la serviette: ma fille, je suis méchante, cela m'*a* RÉJOU-9; madame de Puisieux s'en est ÉPANOU-9 la rate.

Madame de SÉVIGNÉ. *Lettres.*

65ᵉ DICTÉE.

Ne jamais négliger de se faire la question: *Tu as entendu qui ou quoi?*
J'ai envoyé qui ou quoi? etc.

Ne t'es-tu jamais ENTEND-12 raconter les fables que les poètes se sont AMUS-5 à fabriquer sur Apollon, Bellérophon, Calliope; sur Pallas, Castor et Pollux, le palladium, etc.?

LEMARE.

L'alliance — que Judas *avait* ENVOY-5 demander — *fut* ACCORD-5.

BOSSUET.

La cantatrice — que j'*ai* ENTEND-12 siffler hier — a la voix fort juste, mais elle s'est TROUBL-5.

PARTIE DE L'ÉLÈVE.

4

No 5, son E.   ——   No 9, son I.   ——   No 12, son U.

Pour être sûr de la vérité, il faut l'*avoir* ENTEND-12 annoncer d'une manière claire et positive.

J.-J. ROUSSEAU.

Ils ne nous *ont* pas V-12 l'un et l'autre élever
Moi, pour vous obéir, et vous pour me braver.

RACINE.

Ils (les rois dans le Tartare) étaient punis pour les maux qu'ils *avaient* LAISS-5 faire sous leur autorité.

FÉNELON. *Télémaque.*

Les comédies que nous *avons* V-12 représenter au théâtre de la Cour nous *ont* PAR-12 médiocrement bien JOU-5.

Caroline *a* QUITT-5 ce matin notre ville, je l'*ai* V-12 accompagner par son père jusqu'à la diligence.

Ces jeunes impudents s'étaient V-12 donner un démenti formel par celui-là même qu'ils *avaient* CR-12 réduire au silence.

Après la fuite de Rienzi, les Romains s'étaient LAISS-5 séduire par d'autres démagogues.

DES MICHELS. *Moyen-Age.* (Précis.)

Les grands airs d'opéras — que j'*ai* ENTEND-12 chanter par la jeune amie de ma sœur — *ont été* fort bien CHANT-5.

Elles périront toutes, nos pensées! oui, celles que nous *aurons* LAISS-5 emporter au monde.

66ᵉ DICTÉE.

Je vous envoie les livres que vous *avez* PAR-12 désirer.

GIRAULT-DUVIVIER.

Les alléluias — que nous (femmes) *avons* ENTEND-12 chanter — nous *ont* RÉJOU-9.

N° 5, son É. —— N° 9, son ı. —— N° 12, son u.

La véritable cause de cette guerre fut le dépit des Carthaginois de s'être v–12 enlever la Sicile et la Sardaigne.

ROLLIN.

Nous nous sommes SENT–9 frapper à la tête, on nous a CRI–5 : Gare! après nous *avoir* presque ASSOMM–5.

Voilà les couronnes de lierre et de marguerites que j'*ai* v–12 tresser pour de gentils petits écoliers, et de gentilles petites écolières.

Les fripons—que tu *as* v–12 arrêter—se sont ÉCHAPP–5.

Croyez-moi, les Romains, que j'*ai* trop s–12 connaître,
Méritent peu, mon fils, qu'on veuille être leur maître.

VOLTAIRE.

Les vieux ifs de nos cimetières *ont* plus d'une fois sur-vÉC–12 aux églises qu'ils *ont* v–12 bâtir.

B. de SAINT-PIERRE. *Harmonies.*

La guerre ne se faisait pas autrefois comme nous l'*avons* v–12 faire au temps de Napoléon.

Les sots se sont toujours LAISS–5 allécher par ceux qui se sont DONN–5 la peine de les tromper.

Ils *avaient été* CONDAMN–5 aux peines du Tartare pour s'être LAISS–5 gouverner par des hommes méchants et artificieux.

FÉNELON. *Télémaque.*

Est-elle de Beethoven ou de Mendelssohn la symphonie que nous *avons* ENTEND–12 exécuter avec tant de perfection par madame Cossmann?

N° 5, son É.   —   N° 12, son v.

67ᵉ DICTÉE.

Les grands hommes appartiennent moins au siècle qui les *a* v–12 naître et qui jouit de leurs talents qu'au siècle qui les *a* FORM–5.

GAILLARD. *Histoire de François Iᵉʳ.*

Deux fois mes tristes yeux se sont v–12 retracer
Ce même enfant, toujours tout prêt à me percer.

RACINE. *Athalie.*

La lettre que j'*ai* v–12 écrire n'était pas longue; mais la jeune fille — que j'*ai* v–12 écrire cette lettre — *a* 12 l'habileté d'y employer une demi-heure.

Le roi les *a* ENVOY–5 chercher (ces calomniateurs), et *a* FRONC–5 les sourcils quand il les *a* v–12 paraître.

Où sont les malles que j'*ai* ENVOY–5 chercher? = Monsieur, les portefaix — que vous *avez* ENVOY–5 les chercher — se sont ENIVR–5; je les *ai* v–12 revenir sans vos malles, et je les *ai* v–12 bientôt tomber ivres-morts sur la voie publique et se blesser : alors, je les *ai* v–12 placer sur des brancards et transporter à l'hôpital.

Vous ramènerez, Thomas, les chevaux que j'*ai* ENVOY–5 se baigner, et ceux que j'*ai* ENVOY–5 panser.

Pour être sûr de la vérité de ces choses, il faut les *avoir* v–12 s'accomplir réellement.

J.-J. ROUSSEAU.

Mon sujet s'étendant sous ma plume, je l'*ai* LAISS–5 aller sans contrainte.

J.-J. ROUSSEAU.

V–12 à distance, cette femme paraît encore jolie.

No 4, son É. — No 5, son É. — No 12, son U.

68ᵉ DICTÉE.

L'actrice que j'*ai* ENTEND-12 débuter joue selon moi
très-mal ; et celle que vous *avez* ENTEND-12 débuter hier
au soir, joue-t-elle bien ?

M'*a*-t-on APPORT-5 les bouteilles que j'*avais* ENVOY-5
chercher ? Où sont les gens que j'*avais* ENVOY-5 chercher ces deux cents bouteilles ?

Les gentilshommes que vous *avez* ENVOY-5 féliciter la
princesse se sont LAISS-5 devancer par un autre gentil-
homme.

Les outils que vous *avez* V-12 fabriquer, je les *ai* V-12
jeter au feu, après les *avoir* V-12 servir pendant huit
jours à peine.

Avez-VOUS CR-12 que nous nous étions PERM.. (participe de *permettre*) sans raison les allusions que vous
nous *avez* ENTEND-12 faire ?

Nous nous sommes ENTEND-12 faire des reproches que
nous n'*avions* point MÉRIT-5, que nous n'*avions* certes
point MÉRIT-5 qu'on nous fît.

Des temples *furent* ÉLEV-5 à tous ceux qu'on *avait*
SUPPOS-5 *être* N-5 du commerce surnaturel de la divinité
avec une mortelle.

VOLTAIRE.

Les paysages que j'*ai* V-12 dessiner étaient fort jolis,
aussi les jeunes gens — que j'*ai* V-12 les dessiner —
étaient-ils déjà très-EXERC-5 dans l'art de la peinture.

Louis XI fit taire ceux qu'il *avait* F-4 si bien parler.

VOLTAIRE.

La jeune personne — que j'*ai* ENTEND-12 accompagner

No 4, son É. —— No 5, son É. —— No 9, son ı, —— No 12, son v.

par monsieur Dapper — s'est MONTR-5 peu reconnais-
sante des soins que cet habile professeur lui *a* PRO-
DIGU-5.

69e DICTÉE.

Norbert s'était F-4 dix mille écus de rentes ; et ces dix
mille écus de rentes qu'il s'était F-4, il se les est V-12
enlever par deux fripons qui se sont F-4 riches à ses
dépens.

Moi, je la trahirais, moi qui l' (elle) *ai* S-12 défendre !
VOLTAIRE.

Voilà les poissons que j'*ai* V-12 pêcher, ce sont ces
deux jeunes gens-là que j'*ai* V-12 pêcher ces poissons.

Si je cache en quel rang le Ciel les *a* F-4 naître,
Aucun des deux ne règne, et je règne pour eux,
CORNEILLE.

V-12 la pétition et les pièces qui y *sont* J.. (participe
de *joindre*), une pension annuelle de quatre cents francs
a été ACCORD-5 au sieur Ignace ; ci-J.. (participe de *joindre*) est la **copie** du brevet de cette pension.

Les avoines — que vous nous *avez* ENVOY-5 couper —
étaient déjà COUP-5 quand nous (des moissonneurs)
sommes ARRIV-5 : on en *avait* F-4 cinq tas, mais ils
avaient été si négligemment ARRANG-5 qu'à peine y
avons-nous TOUCH-5 qu'ils *sont* TOMB-5 ; quand nous les
avons ainsi RENVERS-5, ces tas d'avoine, deux ou trois
enfants *sont* SURVEN-12 ; ils *ont* ÉCLAT-5 de rire, nous
avons R-9 avec eux.

La statue équestre de Louis XIV—que nous *avons* V-12
ériger sur la place des Victoires — *est* hardiment et fière-
ment POS-5 ; mais ne l'*a*-t-on pas V-12 fléchir sur son
frêle soutien ? ne l'*a*-t-on pas V-12 s'abaisser ou pencher

N° 5, son É. —— N° 9, son I. —— N° 12, son U. —— N° 30, son R.

ENTRAÎN-5 par son poids? = Non, elle *a* RÉSIST-5 à tout.

Les compagnons d'Ulysse enfin se sont OFFE-30.

LA FONTAINE.

70ᵉ DICTÉE.

L'infortunée Tasia *a* v-12 détruire les illusions qu'elle s'était FORM-5, elle s'est APERÇ-12 de la passion de Numa.

FLORIAN.

Quant à son mors, il doit être d'or à vingt-trois carats, car il en *a* FROTT-5 les bossettes contre une pierre que j'*ai* RECONN-12 être une pierre de touche.

VOLTAIRE.

Son papa sait bien que tout le menu linge n'*eût* point 12 d'autre blanchisseuse qu'elle si on l'*avait* LAISS-5 faire.

LEMARE.

Les pièces — que j'*ai* v-12 jouer hier — *ont été* fort APPLAUD-9, mais aussi elles *ont été* bien JOU-5 ; de tous les acteurs que j'*ai* v-12 jouer, aucun ne m'*a* SEMBL-5 avoir autant de talent que ceux que j'*ai* v-12 hier.

Une domestique s'est PRÉSENT-5, on l'*a* AGRÉ-5, je l'*ai* v-12 ce matin installer à son poste ; elle s'y est PL-12 dès qu'elle s'y est v-12 INSTALL-5 : la veille, elle et ses compagnes s'étaient bien RÉCRÉ-5 ; elles s'étaient PROMEN-5 dans les champs, elles *avaient* COUR-12, elles *avaient* CHANT-5, elles *avaient* R-9.

Vous trouverez ci-J.. (participe de *joindre*), ou plutôt ci-INCL.. (participe d'*inclure*), toutes les pièces nécessaires à votre avocat.

Lusignan dit à sa fille :

… Je la vis massacrer (ta mère)…

Par la main des brigands à qui tu t'es DONN-5.

VOLTAIRE.

Nº 4, son E. —— Nº 5, son É. —— Nº 9, son I. —— Nº 12, son U.
Nº 30, son R.

Elle s'est DONN-5 bien des peines qui *ont été* PERD-12.

Guillaume se rendit maître de cette ville de la même manière qu'il l'*avait* V-12 prendre.

VOLTAIRE.

71ᵉ DICTÉE.

Ces dames se sont PL.. (participe de *plaindre*) d'abord avec amertume de la froideur de notre accueil; mais on nous *a* D-9 qu'elles se sont T-12 quand elles se sont V-12 blâmer par leurs amies, par leurs parents même.

Les deux coquettes — que tu *as* V-12 entrer ici ce matin, et que tu y *as* V-12 entretenir si longtemps par un de leurs cousins, — se sont IMAGIN-5 qu'elles *l'avaient* PL-12, qu'elles *l'avaient* TOURN-5 la tête; elle se sont CR-12 belles, sans doute! quand je les *ai* ASSUR-5 que tu n'*avais* pas même SONG-5 à elles, quand je le leur *ai* sérieusement AFFIRM-5, elles se sont PERSUAD-5 mutuellement que j'*avais* VOUL-12 les humilier.

On *a* DÉCOUVE-30 deux voleurs, et on les *a* ARRÊT-5; je les *ai* V-12 arrêter il n'y a qu'un instant, et je les *ai* V-12 conduire chez le commissaire de police : on les *avait* V-12 rôder autour d'une maison qu'ils s'étaient PROPOS-5 de dévaliser; heureusement ils *ont* MANQU-5 leur coup, et on ne les *a* pas MANQU-5. Ces voleurs se sont SENT-9 saisir au moment où ils s'y étaient le moins ATTEND-12 : RÉUN-9, ils *ont* CHUCHOT-5 entre eux, ils se sont PARL-5 à l'oreille, ils se sont sans doute CON-CERT-5 sur les moyens de s'évader, car je les *ai* V-12 se faire des signes d'intelligence; puis ils se sont F-4 des reproches, je les *ai* ENTEND-12 se dire qu'ils s'étaient MANQU-5 de parole; et puis bientôt je les *ai* V-12 interrompre, je les *ai* V-12 séparer par deux gardes municipaux qui se les sont PARTAG-5, chacun d'eux *ayant* EMMEN-5 un de ces malfaiteurs : leurs femmes et leurs fils,—qui les *avaient* ACCOMPAGN-5,—*ont* tous FU-9 ; ils se sont ENFU-9 en toute hâte, ils *ont* FU-9 à toutes jambes.

72ᵉ DICTÉE.

Madame D*** *a* REÇ-12 avant-hier l'extrême-onction ; elle ne s'était F-4 aucune illusion sur son état, elle s'est V-12 mourir, elle s'est V-12 éteindre comme une chandelle, aussi *a*-t-elle ARRANG-5 ses affaires ; les biens — dont elle *a* DISPOS-5 — *ont* PAR-12 immenses : ses parents, tous collatéraux fort ÉLOIGN-5, l'*ont* LAISS-5 mourir en paix ; mais aussitôt qu'elle *eut* REND-12 l'âme, ils se sont JET-5 sur ses dépouilles comme sur leur proie, et après s'être bien DÉBATT-12, ils se les sont PARTAG-5 d'une manière dont chacun *a été* SCANDALIS-5.

Nous ne nous sommes pas encore AVIS-5 de mettre au maillot les petits des chiens ni des chats.

J.-J. ROUSSEAU.

Les deux jeunes personnes—que tu *as* V-12 venir à la campagne l'automne dernier, que tu y *as* V-12 amener par ma sœur, — s'étaient JUR-5 une amitié éternelle ; il leur *avait* SEMBL-5, disaient-elles, que Dieu les *eût* CRÉ-5 pour vivre ensemble : hé bien, elles *ont* VIOL-5 la foi qu'elles s'étaient JUR-5 ; elles se sont BROUILL-5 pour le plus futile des motifs.

Ma tante n'*a* 12 que deux filles, et elle les *a* F.. (participe de *faire*) toutes les deux religieuses.

Hypsipile, Médée, objets de vos amours,
Se sont LAISS-5 surprendre à de pareils discours.

A force de la tourmenter je l'*ai* F-4 revenir.

MOLIÈRE.

4

N° 4, son É. —— N° 5. son É. —— N° 9, son I. —— N° 12, son U.

Ah ! monsieur Lovel, s'écria-t-il, si vous saviez le temps et le mal que m'*ont* coûT-5 ces traces de lettres presque entièrement effac-5 !

WALTER SCOTT. *L'Antiquaire.*

73ᵉ DICTÉE.

Sous lui (Condé) se sont form-5 tant de renommés capitaines, que ses exemples *ont* élev-5 aux premiers honneurs de la guerre.

BOSSUET. *Orais. fun.*

Paul *fut* rempl-9 de joie en voyant ce grand arbre sort-9 d'une petite graine qu'il *avait* v-12 planter par son amie.

Bernardin de SAINT-PIERRE. *Paul et Virginie.*

Elle (la Reine) se trouva toute vive et tout entière entre les bras de la mort, sans presque l'*avoir* envisag-5.

BOSSUET. *Orais. fun.*

La nouvelle revue littéraire *a* cess-5 de paraître, les divers collaborateurs qui *avaient* contribu-5 à la rédaction de cette feuille se sont partag-5 également les sommes que le ministre leur *avait* allou-5. Que d'entreprises semblables se sont succéd-5, et *ont* échou-5 comme celle-ci !

Les puissances belligérantes se sont violemment attaqu-5 ; elles se sont f-4 des maux irréparables : une contagion les *a* forc-5 à conclure une trêve de deux ans, mais elles ne l'*ont* observ-5 que quelques mois ; ceux — qui *en ont* pos-5 les conditions — s'étaient arrog-5 des droits qu'ils n'avaient point, on *a* trouv-5 exorbitants les droits qu'ils s'étaient arrog-5 ; néanmoins on les *a* laiss-5 agir à leur gré, afin d'avoir ensuite un prétexte pour rompre.

Qu'*ont* PRODU-9 mes vers de si pernicieux
Pour armer contre moi tant d'auteurs furieux?
Loin de les décrier, je les *ai* F-4 paraître ;
Et souvent sans ces vers qui les *ont* F-4 connaître
Leur talent dans l'oubli demeurerait CACH-5.

BOILEAU. Satires.

74° DICTÉE.

Ces jeunes princesses ne se sont-elles pas IMAGIN-5 que leur institutrice n'*aurait* jamais OS-5 les contredire ?

Leur imagination leur retrace ces ruisseaux ARGENT-5 qu'ils *ont* V-12 couler au travers des gazons ; ces sources qu'ils *ont* V-12 jaillir du sein d'un rocher, et serpenter dans les prairies.

LE TASSE. Jérusalem délivrée.

Deux fois à mon oreille ils se sont F-4 entendre.

A-t-on COMBL-5 vos vœux ? *Avez* - vous OBTEN-12, Messieurs, les emplois qu'on vous *a* V-12 solliciter si ardemment ? = Oui, nous *avons* enfin RÉUSS-9 ; mais que de sollicitations ! que de démarches nous *avons* F.. (participe de *faire*) ! à combien de portes nous *avons* FRAPP-5 ! que de demandes se sont SUCCÉD-5 et *ont été* REJET-5 avant que nous *soyons* ARRIV-5 à notre but !

SUPPOS-5 telle que vous me la présentez, l'affaire est bonne.

Mes amis, ces magnifiques ceps de vigne que nous vous *avions* V-12 soigner avec une sollicitude toute particulière, ils *sont* bien ENDOMMAG-5 maintenant : d'abord, la fleur *avait* COUL-5, plus tard nous les *avons* TROUV-5, ces ceps, qui *avaient été* FRAPP-5 par la grêle ; enfin, nous les *avons* V-12 attaquer par la maladie qui depuis quelques années *a* RUIN-5 tant de vignerons, qui nous *a*

N° 5, son É. —— N° 9, son I. —— N° 12, son U.

RUIN-5 nous-mêmes. Ah! que de fléaux se sont SUCCÉD-5!

Retraite du repos, des vertus solitaires,
Cloîtres majestueux, fortunés monastères,
Je vous *ai* V-12 tomber, le cœur gros de soupirs.
Moi, je vous *ai* GARD-5 d'éternels souvenirs.
BERCHOUX. La Gastronomie.

Ma jeune amie s'est APERÇ-12 de son erreur, et s'est
NU-9 en n'en convenant pas.

75ᵉ DICTÉE.

Vos cousines se sont PERSUAD-5 les unes aux autres
une vérité qui les *a* fort HUMILI-5, elles se sont PERSUAD-5
les unes les autres d'une vérité qu'elles s'étaient longtemps DISSIMUL-5.

Que vous êtes heureuse, ma fille, que votre enfant ne
vous *ait* jamais V-12 avaler une médecine!
Madame de SÉVIGNÉ.

Roxane (femme) dit à Bajazet :
Pour la dernière fois, perfide, tu m'*as* V-12,
Et tu vas rencontrer la peine qui t'*est* D-12.
RACINE. Bajazet.

Hélas! tristes restes des fastes de la gloire! dix-huit
siècles *ont* PASS-5, les Romains ne sont plus; encore
quelques retours des années, et ces décombres eux-
mêmes *auront* DISPAR-12.
POUQUEVILLE. Voyage en Grèce.

OU-9 les conclusions du procureur général... nous
réquérons...

Mademoiselle Salvador Daniel que j'*ai* ENTEND-12
chanter hier, je l'*ai* fort APPRÉCI-5; d'autres *ont*, ainsi
que moi, APPRÉCI-5 sa voix et sa méthode, car je l'*ai* EN-

N° 5, son É. —— N° 9, son I. —— N° 12, son U.

TEND-12 applaudir avec chaleur par tous ceux qui se sont LAISS-5 aller à leur premier mouvement.

Cette Hélène, qui trouble et l'Europe et l'Asie,
Vous semble-t-elle un prix digne de vos exploits?
Combien nos fronts, pour elle, *ont*-ils ROUG-9 de fois!
RACINE. *Iphigénie.*

Une vieille duègne *a* JOU-5 de la vielle : elle s'est V-12 railler par tous ceux qui l'*ont* ENTEND-12 ; elle *a* COUR-12 se cacher, en courant elle *a* PERD-12 les deux seules dents qu'elle *eût* CONSERV-5, les seules qui *eussent* ÉCHAPP-5 aux ravages du temps!

... Je ne verrai plus les flots du lac d'azur
Se rider EFFLEUR-5 de tes ailes rapides.
MILLEVOYE. *La Colombe.*

76ᵉ DICTÉE.

Grégoire de Tours proteste qu'il n'est pas l'auteur des propos contre la reine, mais qu'il les *a* ENTEND-12 tenir à d'autres.
MILLOT.

Les libertins se sont RÉVOLT-5 avec mépris contre l'autorité de l'Église : mais qu'*ont*-ils V-12, ces rares génies, qu'*ont*-ils V-12 plus que les autres? Quelle ignorance est la leur! et qu'il serait aisé de les confondre s'ils ne craignaient d'*être* INSTRU-9 ! car, pensent-ils *avoir* mieux V-12 les difficultés parce qu'ils y succombent; et que les autres, qui les *ont* V-12, les *ont* MÉPRIS-5?
BOSSUET. *Orais. fun.*, *Anne de Gonzague.*

Des collines qu'Alonzo *avait* V-12 s'arrondir sous leur verdoyante parure, ENTR'OUV.. (participe d'*entr'ouvrir*) en précipices, lui montraient leurs flancs DÉCHIR-5.
MARMONTEL.

N° 4, son É. —— N° 5, son É. —— N° 9, son I. —— N° 12, son U.

Césarine s'était PL-12 à faire à Popinot la surprise de
se montrer dans cette toilette de bal dont il lui *avait*
PARL-5 maintes et maintes fois.

DE BALZAC. César Birotteau.

Comme nous *avons* PERD-12 les huit années que nous
avons PASS-5, qu'on nous *a* FORC-5 de passer au collége !
Que de mauvais devoirs nous y *avons* F-4 ! quels ennuis
nous y *avons* DÉVOR-5, et combien de milliers de fois nous
y *avons* BÂILL-5 ! aussi que de punitions nous nous
sommes V-12 infliger ! Que de pensums nous *avons* F-4 !

OU-9 la défense PRÉSENT-5 par Mᵉ D***, nous ajoute-
rons aux conclusions précédemment INDIQU-5...

Une troupe de nymphes COURONN-5 de fleurs nageaient
en foule derrière le char d'Amphitrite.

FÉNELON. Télémaque.

77ᵉ DICTÉE.

Les colléges électoraux se sont ASSEMBL-5. De quel
esprit vous *a* PAR-12 ANIM-5 l'assemblée collégiale que
vous *avez* V-12 s'ouvrir ? par qui l'*avez*-vous V-12 pré-
sider ?

Il s'en faut de beaucoup que l'on *ait* PROUV-5 que l'on
doit regarder comme EXAGÉR-5 l'assertion de ceux qui
ont PRÉTEND-12 qu'on *avait* PÊCH-5 un requin de plus
de 190 myriagrammes (4000 livres).

LACÉPÈDE. Hist. natur.

ATTEND-12 trop longtemps, les choses — qui *étaient*
le plus DÉSIR-5 — *sont* REÇ-12 fort souvent avec une
sorte d'indifférence.

Ils se sont PERC-5 de leur épée, tous deux se sont PERC-5
le flanc.

Nº 4, son É. —— Nº 5, son É. —— Nº 12, son U.

M'*a*-t-on APPORT-5 tous les livres que j'*avais* ENVOY-5 chercher? A-t-on V-12 revenir les commissionnaires que j'*avais* ENVOY-5 chercher les deux cents volumes que m'*a* LÉGU-5 mon cousin? les *a*-t-on V-12 rentrer? se scraient-ils LAISS-5 surprendre par la nuit? les *aurait*-on LAISS-5 partir sans leur *avoir* DONN-5 tous les renseignements nécessaires?

ATTEND-12 les obstacles qui se sont si fréquemment RENOUVEL-5 et pourraient se renouveler encore, Alphonsine et ses deux filles *sont* toutes RÉSOL-12 à se rendre immédiatement auprès de leur vieille tante.

Moi, je vous *ai* GROND-5 (enfants). Tort grave et ridicule! Nains charmants que n'*eût* pas VOUL-12 fâcher Hercule! Moi, je vous *ai* F-4 peur...

Victor Hugo.

78ᵉ DICTÉE.

J'ose vous supplier de pardonner au moins à mon fils des fautes que je voudrais *avoir* EXPI-5 de mon sang.

Marquis de FEUQUIÈRES.

Qu'est-ce que toutes ces vertus humaines si VANT-5? N-5 dans l'orgueil, FORM-5 par le regard public, APPUY-5 sur les circonstances, elles tombent sans cesse avec ces appuis fragiles

MASSILLON.

L'arrivée de Philippe, le débarquement de ses troupes, font craindre aux Lacédémoniens qu'ils n'aient à combattre une ligue plus redoutable que celle qu'*avaient* FORM-5 les deux héros de Thèbes.

CAYX. *Hist. anc.*

Le Turc a l'habitude de vivre en paix et en harmonie

Nº 4, son É. —— Nº 5, son É. —— Nº 9, son ı. —— Nº 12, son ʊ.

avec les cultes chrétiens qu'*il a* LAISS-5 subsister au sein même de ses villes les plus saintes.

LAMARTINE. Voyage en Orient.

Elles se sont TROUV-5 aux Carmélites, et la réconciliation s'est F.. (participe de *faire*).

Ces jeunes gens se sont HÂT-5 de déjeuner, puis je les *ai* V-12 se lever précipitamment de table : ils se sont REND-12 chez le notaire pour collationner un contrat de vente qu'ils *avaient* PASS-5, et des baux qu'ils *avaient* F-4 : ils *ont* DÎN-5, et toute leur journée s'est TROUV-5 EMPLOY-5 ainsi ; après qu'ils *eurent* si bien TRAVAILL-5, je les *ai* V-12 rentrer : ils *ont* B-12 quelques verres de bière, et FUM-5 deux cigares, puis ils se sont COUCH-5 : je suppose qu'ils *auront* bien DORM-9.

Calypso, tu t'es TRAH-9 toi-même, te voilà ENGAG-5 : et les ondes du Styx par lesquelles tu *as* JUR-5...

FÉNELON.

Lisez avec attention la lettre ci-INCL.. (participe d'*inclure*).

Nos ancêtres se sont souvent LAISS-5 impressionner par des rêves, et des superstitions ridicules.

79ᵉ·DICTÉE.

Ne faites rien qui ne soit digne des maximes de vertu que j'*ai* TÂCH-5 de vous inspirer.

FÉNELON. Télémaque.

Nous nous sommes RÉJOU-9 de voir que nos ennemis *ont* toujours NÉGLIG-5 les belles occasions qu'ils *ont* 12 de nous attaquer.

N° 4, son È. — N° 5, son É. — N° 12, son U.

Madame Birotteau s'était v-12 double (en rêve), elle s'était APPAR-12 à elle-même en haillons.

> BALZAC. *César Birotteau.*

... J'*ai* maints chapitres v-12
Qui pour néant se sont ainsi TEN-12.

> LA FONTAINE.

Quand elle (la raison) s'est PRÉSENT-5 en Bavière et en Autriche, elle *a* TROUV-5 deux ou trois grosses têtes à perruque qui l'*ont* REGARD-5 avec des yeux stupides et ÉTONN-5.

> VOLTAIRE.

Les livres — que vous m'*avez* DONN-5, que j'*ai* 12 à lire, — étaient fort instructifs.

Vous trouverez ci-INCL.. (participe d'*inclure*) **copie** de ma lettre.

> GIRAULT-DUVIVIER.

Là se serait peut-être TERMIN-5 notre vie aventureuse, si des pillards du premier corps n'*eussent* RECONN-12 l'Empereur.

> Ph. de SÉGUR. *Hist. de Napoléon.*

Je ne révèle pas même ici tant de grandes actions qu'elle (la reine) *a* TÂCH-5 de rendre secrètes, tant d'aimables habitudes qu'on *avait* v-12 naître.

> FLÉCHIER. *Orais. fun.*

Les religieuses et les mendiants se sont MULTIPLI-5.

> VOLTAIRE.

Vous *avez* F-4 une faute, vous aurez le courage de la réparer; il est plus glorieux de se relever ainsi que de n'*être* jamais TOMB-5.

> FÉNELON. *Télémaque.*

N° 5, son É. —— N° 9, son I. —— N° 12, son U. —— N° 17, son IN.

80ᵉ DICTÉE.

Qu'*ont* SERV-9 à ces méprisables calomniateurs les mensonges grossiers qu'ils n'*ont* pas CR-17 de répandre contre leurs ennemis, et même contre leurs meilleurs amis, contre leurs parents eux-mêmes ?

Les troupes qu'on *avait* ACCOUTUM-5 à camper se sent LAISS-5 conduire partout où l'on *a* VOUL-12.

N'est-il pas louable d'*avoir* CHERCH-5 les plus noires couleurs qu'il *a* P-12 pour donner de l'horreur d'un si détestable abus ?

ARNAULD. Lettres.

> Que sert ce vain amas d'une inutile gloire,
> Si, de tant de héros célèbres dans l'histoire,
> Il ne peut rien offrir aux yeux de l'univers
> Que de vieux parchemins qu'*ont* ÉPARGN-5 les vers.

BOILEAU. Satires.

La route — que vous *avez* NÉGLIG-5 de suivre — vous *eût* CONDU-9 plus rapidement au but.

> Étends sur eux (les morts) la main de ta clémence :
> Ils *ont* PÉCH-5, mais le ciel est un don !
> Ils *ont* SOUFF.. (participe de *souffrir*), c'est une autre
> [innocence !
> Ils *ont* AIM-5, c'est le sceau du pardon !

Alphonse de LAMARTINE. Harmonies.

Nous les *eussions* LAISS-5 (ces messieurs) passer tranquillement leur hiver à Paris.

MARMONTEL.

La chute du dernier carlovingien, et l'avènement de Hugues-Capet au trône, signalent à la fois la ruine de cette royauté impériale qu'*avait* CRÉ-5 Charlemagne, et la victoire des grands vassaux.

CAYX. Hist. de France.

Ces délateurs s'étaient LAISS-5 gagner par l'appât d'une forte somme ; ils ne l'*ont* pas TOUCH-5, ce dont ils *ont* ENRAG-5.

81ᵉ DICTÉE.

Il *a* 12 de la Cour toutes les grâces qu'il *a* VOUL-12.

WAILLY.

Madame Fourdrin — que j'*ai* V-12 s'attacher à imiter les roses de Redouté — peint admirablement bien ces fleurs.

... Dans son vol changeant la Fortune est agile.
L'or peut couvrir demain mes pénates d'argile
Qu'*a* DÉDAIGN-5 Lycus, que j'*ai* MAUD-9 un jour.

Alex. GUIRAUD.

Lorsque vous dites des choses qui vous *ont* COÛT-5, vous pouvez bien faire voir que vous avez de l'esprit, mais non pas des grâces dans l'esprit.

MONTESQUIEU. *Sur le Goût.*

L'amie — que j'*ai* NÉGLIG-5, que j'*ai* NÉGLIG-5 d'aller voir, — *a été* fort OFFENS-5 de cet oubli.

Il s'est PRÉSENT-5 chez moi deux de vos amis.

Je croyais que vous ne m'écriviez qu'une fois la semaine ; mais quand j'*ai* S-12 que vous m'écriviez deux, il serait malaisé de vous exprimer les regrets et la douleur que j'*ai* 12 de cette perte (celle d'une lettre).

Madame de SÉVIGNÉ. *Lettres.*

La femme que j'*ai* ENVOY-5 chercher des nouvelles arrivera bientôt.

Les pénitences — que se sont IMPOS-5 certains solitaires de la Thébaïde — *ont* SEMBL-5 presque incompréhensibles à ceux qui en *ont* L-12 les détails.

Pénélope n'*aura* P–12 résister à tant de prétendants,
son père Icare l'*aura* CONTR.. (participe de *contraindre*)
d'accepter un nouvel époux. Retournerai-je à Ithaque
pour la voir ENGAG–5 dans de nouveaux liens, et man-
quant à la foi qu'elle *avait* DONN–5 à mon père?... Les
amants de Pénélope *ont* OCCUP–5 toutes les avenues du
port.

FÉNELON. Télémaque.

Je ne crois pas que ces deux chevaux vaillent la somme
qu'ils vous *ont* COÛT–5, les deux mille écus que vous
les *avez* PAY–5.

82ᵉ DICTÉE.

Vous m'*avez* REND–12 tous les services que vous *avez*
P–12, que vous *avez* D–12.

WAILLY.

Les maux — que nous *avons* SOUFFE–30 — nous auraient ACCABL–5, le bruit de tes vertus *a* SOUTEN–12
notre espérance.

MARMONTEL.

Hier au soir, au clair de la lune, nous *avons* CHANT–5
à tue-tête, nous *avons* CHANT–5 les chansons les plus
gaies qu'on *ait* jamais ENTEND–12 chanter : on nous *a*
CR–12 fous quand on nous *a* ENTEND–12 chanter ainsi
en plein air : nos parents *ont* APPEL–5 des médecins;
mais les médecins qu'on *a* APPEL–5 nous *ont* simplement
ORDONN–5 à chacun une infusion de camomille.

Des historiens *ont* FLÉTR–9 la mémoire d'Alcibiade,
d'autres l'*ont* RELEV–5 par des éloges, sans qu'on puisse
les accuser d'injustice ou de partialité.

BARTHÉLEMY. Voyage du jeune Anacharsis.

Cotys, Atys et Lydus se sont SUCCÉD–5 sur le trône de

Lydie ; ils *ont* SUCCÉD-5 à Manès, et *ont* RÉGN-5 l'espace de cent ans environ.

CAYX. *Histoire ancienne.*

Les jeunes filles — que j'*avais* ENVOY-5 cueillir des bluets — *ont* tellement TARD-5 à revenir que leurs mères se sont INQUIÉT-5 : elles les *ont* ENVOY-5 chercher par Madeleine ; on les *a* TROUV-5, ces étourdies, achevant des couronnes qu'elles s'étaient TRESS-5, elles s'étaient mutuellement IMPOS-5 la loi de ne revenir que COU-RONN-5.

Les peuples *ont* toujours bien OBSERV-5 les lois qu'eux-mêmes ils *avaient* VOUL-12, qu'eux-mêmes ils s'étaient IMPOS-5.

Je lui *ai* OFF.. (participe d'*offrir*) ma main qu'il *a* RE-FUS-5 d'accepter.

MOLIÈRE.

83ᵉ DICTÉE.

Cependant la famine arriva comme Joseph l'*avait* PRÉD.. (participe de *prédire*).

VOLTAIRE.

J'allais me déclarer sans l'offre d'Aricie ,
Non que ma passion s'en soit V-12 RALENT-9.

RACINE.

Ces deux fougueux orateurs—que tu *as* V-12 hier arriver ici — *avaient* PARCOUR-12 toute la province ; ils *ont* PAR-12 cette après-dînée dans le club, ils s'y ,sont SUC-CÉD-5 immédiatement à la tribune, et ils *ont* PARL-5 comme de vrais illuminés : à peine ces extravagants *avaient*-ils FIN-9 leurs discours que la salle *a* RETENT-9 des applaudissements de quelques adeptes; mais aussi-tôt les murmures de la multitude *ont* SUCCÉD-5 à ce mouvement d'enthousiasme partiel , et les énergumènes

No 4, son É. —— No 5, son É. —— No 9, son I. —— Fo 12, son T.

se sont V-12 HU-5, HONN-9, VILIPEND-5 ; enfin ils se sont v-12 chasser ignominieusement de la salle de réunion.

Il n'admet aucune des puissances nouvelles qu'*a* CRÉ-5 le dix-neuvième siècle.

De BALZAC. Scènes de la vie de province.

Vous trouverez ci-J.. (participe de *joindre*), général, les expéditions des arrêtés PR-9 par le Directoire exécutif pour l'armement de la Méditerranée.

LA RÉVEILLÈRE-LEPEAUX, MERLIN, BARRAS.

Nous *avons* F-4 tous les efforts que nous *avons* P-12 pour arracher l'imprudent au danger, mais nous n'*avons* point RÉUSS-9.

Nous SOUSSIGN-5, docteurs et professeurs royaux en théologie dans l'université de Bordeaux, déclarons que...

NICOLE.

La réputation de Racine s'est ACCR-12 de jour en jour.

VOLTAIRE.

J'*ai* CÉLÉBR-5 toutes les solennités que j'*ai* D-12, que j'*ai* P-12.

84ᵉ DICTÉE.

Ma sœur *est* ARRIV-5 comme je l'*avais* PRÉV-12.

PASS-5 la semaine prochaine, la saison des roses *sera* complètement PASS-5.

Vous *avez* CR-12, Mesdames, nous impressionner vivement par vos reproches, vous vous êtes TROMP-5, fortement TROMP-5, et ceux — qui vous *ont* ENTEND-12 nous les faire — se sont MOQU-5 de vous, et vous *ont* CR-12 TIMBR-5 au moins : quelques centigrammes d'ellébore vous *auraient*, certes, bien CONVEN-12 alors ; et parmi

N° 4, son É — N° 5, son É. — N° 9, son I. — N° 12, son U.
N° 30, son R.

les témoins de la scène que vous *avez* F.. (participe de *faire*), beaucoup vous les *auraient* ADMINISTR-5 très-volontiers, se seraient même OFFE-30 pour vous les administrer.

La vérité — que nous *avons* NÉGLIG-5 d'invoquer — *aurait* MILIT-5 en notre faveur.

Ah! comment s'est ÉCLIPS-5 tant de gloire! comment se sont ANÉANT-9 tant de travaux !

VOLNEY.

Ils *sont* PASS-5, ces jours de fête,
Ils *sont* PASS-5, et ne reviendront plus !

Il se trouva hors de la route qu'il *avait* RÉSOL-12 de suivre.

BOURDALOUE.

Après *avoir* SATISF-4 notre curiosité par rapport au Sphynx, nous nous sommes AVANC-5 vers les pyramides de Gisch qui n'en *sont* pas très-ÉLOIGN-5 ; je vous *ai* D.. (participe de *dire*) quelle impression, V-12 de loin, elles *avaient* PROD.. (participe de *produire*) sur mon esprit.

Le Père GÉRAMB. *Pèlerinage à Jérusalem.*

... Ton père, Élisa, sur ta cendre s'incline ;
Aux rides de son front *a* MONT-5 la pàleur.

CHATEAUBRIAND. *Stances.*

Voyez ci-J.. (participe de *joindre*) les mémoires justificatifs.

85ᵉ DICTÉE.

Oui, c'est moi qui voudrais effacer de ma vie
Les jours que j'*ai* VÉC-12 sans vous (Clarisse) *avoir* SERV-9.

CORNEILLE. *Le Menteur.*

Nᵒˢ 5, son É.   —   Nᵒ 9, son ı.   —   Nᵒ 12, son v.

De la façon que j'ai D-9 les choses on a D-12 m'entendre.

WAILLY.

Beaucoup de femmes et de jeunes personnes *ont* PÉR-9 pour s'être, imprudemment, trop APPROCH-5 d'un foyer avec des robes légères.

> Après tous les ennuis que ce jour m'*a* COÛT-5,
> *Ai*-je P-12 rassurer mes esprits AGIT-5 ?

RACINE. *Britannicus.*

Les trois lieues — que nous *avons* COUR-12 sur le champ ennemi — nous *ont* AIGUIS-5 l'appétit.

Les hasards — que nous *avons* COUR-12 — *ont* RÉVEILL-5 notre ardeur, et nous *ont* RÉVEILL-5.

Les bénéfices immenses — que le commerce leur *a* VAL-12 — ne les *ont* pas ENRICH-9, ces imprudents armateurs ; ils se sont R-9 des conseils de leurs meilleurs amis, et ils *ont* ENGLOUT-9 dans des spéculations hasardeuses la belle fortune qu'ils s'étaient CRÉ-5.

Ermance est si craintive qu'elle *est* REST-5 CACH-5 pendant les dix mois que la guerre *a* DUR-5.

La Création de Haydn, — que j'ai ENTEND-12 si bien exécuter au Conservatoire, — est admirable.

De grands cris *ont* soudain ATTIR-5 mes regards.
J'*ai* V-12, — qui l'*aurait* CR-12 ! — j'*ai* V-12 de toutes parts,
VAINC-12 et RENVERS-5, les Romains et Pharnace
Fuyant vers leurs vaisseaux.

RACINE. *Mithridate.*

PASS-5 la semaine prochaine toutes les chasses *seront* CL.. (participe de *clore*),

N° 5, son É. —— N° 9, son I. —— N° 12, son U.

86ᵉ DICTÉE.

Les longues années — que l'empereur François 1ᵉʳ a déjà RÉGN-5 sur nous (Autrichiens) — nous *ont* PAR-12 bien courtes.

Le Père GÉRAMB. *Pèlerinage à Jérusalem.*

Ose dire que mes entrailles DÉCHIR-5 ne saignent plus, que la plaie — que je leur *ai* F.. (participe de *faire*) — *est* GUÉR-9!

CHATEAUBRIAND. *Les Natchez.*

Madame de Maintenon *a* OBTEN-12 du roi toutes les grâces — qu'elle *a* VOUL-12.

Ces deux mauvais petits écoliers se sont COLLET-5, c'est-à-dire SAIS-9 au collet au sortir de la classe; ils se sont BATT-12 comme des crocheteurs; et ils se sont MEURTR-9 le visage à coups de poing : je les *ai* V-12 ôter leurs vestes pour se battre plus commodément; et puis je les *ai* V-12 appréhender au corps par deux maîtres d'étude : un de leurs condisciples *a* RAMASS-5 leurs vêtements — qu'ils *avaient* JET-5 sur le pavé, et qu'ils s'étaient mutuellement DÉCHIR-5.

Partout les rayons perçants de la vérité vont venger la vérité — qu'il *a* NÉGLIG-5 de suivre.

FÉNELON. *Télémaque.*

La fable que j'*ai* 12 à composer pouvait offrir une belle morale.

Voilà les ennemis que la reine *a* 12 à combattre, et que ni sa douceur, ni sa fermeté n'*ont* P-12 vaincre.

BOSSUET. *Oraisons funèbres.*

Que de hauts fait ÉCR-9 sur leurs fronts SILLONN-5! (des [soldats français)

N° 5, son É. —— N° 9, son I. —— N° 12, son U. —— N° 17, son IN.

Ils *ont* BRAV-5 les feux du soleil d'Italie,
  De la Castille ils *ont* FRANCH-9 les monts;
Et le Nord les *a* V-12 marcher sur les glaçons
Dont l'éternel rempart protège la Russie !

Casimir DELAVIGNE. Messéniennes.

87ᵉ DICTÉE.

C'est peut-être la plus jolie fête qu'il y *ait* jamais 12.

Cité par GIRAULT-DUVIVIER.

Les hommes croient *avoir* TROUV-5 la gloire quand on
donne à leur vanité les louanges — qui ne *sont* D-12 qu'à
la vertu.

MASSILLON.

Nous vous *avons* ATTEND-12, Messieurs, avec une vive
impatience pour vous apprendre que, ATTEND-12 la faiblesse — que vous *a* LAISS-5 votre dernière maladie,—
vous *êtes* EXEMPT-5 du service de la garde nationale.

Je les *ai* V-12 passer, ces braves et généreux soldats,
par qui les bataillons nombreux — qui *avaient* OS-5 les
provoquer — se sont V-12 CONTR-17 de reculer.

Les mathématiques — que vous n'*avez* pas VOUL-12
que nous étudiassions — nous *auraient* beaucoup
SERV-9.

La Grèce s'est REND-12 illustre par ses guerriers, ses
orateurs et ses artistes.

Ils s'étaient PERSUAD-5 qu'il ne naissait des soldats
qu'en France.

GARNIER. Histoire de France.

La fable que vous *avez* COMMENC-5 à apprendre est
facile à retenir.

BESCHER.

No 4, son É. —— No 5, son É. —— No 9, son I. —— No 12, son U.

C'est avec des morceaux de lave PÉTRIFI-5 (SOLI-DIFI-5) que *sont* BÂT-9 la plupart de ces maisons — qui *ont été* ENSEVEL-9 par d'autres laves.

Madame de STAEL.

Les Romains pour maintenir la discipline *s*'étaient CR-12 OBLIG-5 de répandre le sang de leurs propres en-fants, et des premiers officiers de l'armée.

Cité par LEMARE.

Les honneurs — que j'*ai* REÇ-12,—c'est mon habit qui me les *a* VAL-12.

BESCHER.

Ma famille *est* SORT-9 de Brest, ma sœur seule y *est* DEMEUR-5 ; combien d'années, Madame, y *avez-*vous DEMEUR-5 ?

88e DICTÉE.

Les chaleurs qu'il *a* F-4 cette année ont été excessives.

Saint Louis priait encore, quand son âme s'échappa de ses lèvres pour remonter à Dieu ; Dieu la retrouva telle qu'il l'*avait* CRÉ-5.

MENNECHET. *Histoire de France.*

Il m'*a* ENLEV-5 une fille — que j'*avais* AFFRANCH-9.

MOLIÈRE. *Le Sicilien.*

Il veut fortement les choses — qu'il *a* une fois VOUL-12 ; aussi toutes les faveurs — qu'il *a* VOUL-12 obtenir, — il les *a* OBTEN-12.

Le grand air de Sémiramide — que nous *avons* EN-TEND-12 chanter par mademoiselle Sontag — *a* EXCIT-5 de vifs et unanimes applaudissements.

Ces jeunes personnes se sont PROPOS-5 des exemples — qu'elles n'*ont* pas SUIV-9.

No 4, son É. —— No 5, son É. —— No 9, son I. —— No 12, son U.
No 17, son IN.

Les deux maîtres maçons *ont* AFFIRM-5, (et leurs
manœuvres en *sont* CONVEN-12 aussi,) que ce n'est pas
de la manière que vous *avez* D-9 — que nous *étions*
CONVEN-12 de nos faits : cependant, quoiqu'elles ne
soient pas telles que je les *avais* DEMAND-5, les constructions qu'on *a* ACHEV-5, — que j'*ai* V-12 achever hier, —
m'*ont* PL-12; elles m'*ont* même parfaitement CONVEN-12.

Eh ! quel spectacle est préférable
Au spectacle touchant des heureux qu'on *a* F-4 !
LÉONARD.

Je sais bien, Messieurs, que vous les *avez* 12, tous les
embarras qui se sont SUCCÉD-5 pour vous, et dont vous
vous êtes PL-17; mais vous *avez* 12 tort de vous plaindre, puisque c'est vous qui vous les êtes ATTIR-5 par
votre imprudence, vous-mêmes qui les *avez* en quelque
sorte VOUL-12.

89ᵉ DICTÉE.

Presque tous les enfants que j'*ai* EXAMIN-5 avec attention, tous ceux dont je vous *ai* PARL-5, avaient les yeux
de force inégale; — je n'en *ai* TROUV-5 que deux dont
les yeux fussent égaux.

... Soit que, d'un ton plus doux, la flûte de Sicile
Aux rives de Lodon module sous tes doigts (de Pope)
Des chants que de Windsor *ont* RÉPÉT-5 les bois,
Soit que...
M.-J. CHÉNIER.

Cliton nomme tous les vins et toutes les liqueurs —
dont il *a* B-12.
LA BRUYÈRE. *Caractères.*

On nous *a* MENAC-5, mais nous nous en sommes MOQU-5.

Nº 4, son É. —— Nº 5, son É. —— Nº 9, son I. —— Nº 12, son U.

nous en *avons* R-9 ; seulement nous *avons* R-9 sous cape, et nous nous sommes MORD-12 les cinq doigts afin de ne pas rire trop haut.

Cléon réussit par hasard dans une entreprise que Nicias *avait* REFUS-5 d'exécuter.

BARTHÉLEMY. Voyage du jeune Anacharsis.

Ah ! que les pommes d'api sont bonnes ! = Qu'en savez-vous ? = J'en *ai* MANG-5 ; de cinq qu'on m'*a* DONN-5 à manger, je n'en *ai* MANG-5 que trois ; deux se sont TROUV-5 GÂT-5.

Lorsqu'il nous *eut* F-4 comprendre que la chose était plus sérieuse que nous ne l'*avions* PENS-5...

LESAGE. Gil Blas.

Ces thlaspis — que tu *as* ADMIR-5, que tu *as* TROUV-5 si beaux, qui t'*ont* tant PL-12 enfin, — *ont* CR-12 dans mon jardin ; les *eusses*-tu CR-12 aussi beaux avant de les *avoir* V-12?

Deux religions principales (la religion des Grecs et des Romains, et celle des Celtes) se sont PARTAG-5 pendant plusieurs siècles la possession de ces mêmes pays dont le Christianisme fait aujourd'hui le bonheur.

MALLET. Histoire du Danemark.

V-12 les démolitions, il ne put inviter ce jour-là que Charles Claparon et Roguin.

DE BALZAC. César Birotteau.

90ᵉ DICTÉE.

Vous me parlez de la superstition des Italiens, j'en *ai* V-12 beaucoup qui étaient philosophes.

DOMERGUE.

ATTEND-12 les réponses de Jeanne d'Arc, si prudentes

N° 4, son é. —— N° 5, son é. —— N° 12, son u. —— N° 30, son r.

qu'elles semblaient INSPIR-5, ses manières, son langage, sa sainte vie, sa louable renommée; ATTEND-12 aussi le péril imminent de la bonne ville d'Orléans, les docteurs furent d'opinion que le roi pouvait accepter les services de cette jeune fille.

DE BARANTE. *Histoire des ducs de Bourgogne.*

Diogène à Pluton : Je ne serai peut-être pas le plus inutile de tous ceux que vous *avez* ENVOY-5 chercher.

BOILEAU. *Les Héros de roman.*

Trois églises se sont SUCCÉD-5 à Épernay : une église romane, une église de renaissance, l'église actuelle.

Victor HUGO. *Le Rhin.*

Lucie s'est F-4 une fortune — à laquelle elle ne s'était point ATTEND-12.

Il y *a* toujours 12 plus de fous que de sages, et dans les sages mêmes il s'est toujours TROUV-5 plus de folie que de sagesse. Cette phrase *est* IMIT-5 de Chamfort, un des coryphées les plus ardents qu'*ait* 12 la philosophie.

Quelque VARI-5 que (ils) *soient* nos sectes, nos partis et nos corps, j'*ai* RENCONTR-5 partout les mêmes hommes COUVE-30 seulement d'habits différents.

Bernardin de SAINT-PIERRE. *Études de la Nature.*

Sur le vaisseau j'*ai* MURMUR-5 du cœur et des lèvres toutes les prières — que j'*ai* APPR.. (participe d'*apprendre*) de ma mère quand j'étais enfant; les versets, les lambeaux de psaumes que je l'*ai* si souvent ENTEND-12 murmurer à voix basse... La prière — que l'on *a* ENTEND-12 proférer par une personne qu'on aima et qu'on *a* V-12 mourir — est doublement sacrée! Qui de nous ne préfère le peu de mots que lui *a* ENSEIGN-5 sa mère aux chants les plus harmonieux?

A. de LAMARTINE. *Voyage en Orient.*

N° 5, son É. — N° 9, son I. — N° 12, son U.

91ᵉ DICTÉE

Ah papa! quelle belle et riche provision de coquilles et de coraux nous *avons* TROUV-5!

De WYSS. *Robinson suisse.*

Théodore revint après un voyage de vingt ans, et trouva une partie de ses enfants M.. (participe de *mourir*).

VAUGELAS.

Hier au matin dans la classe, et avant même d'ouvrir leurs grammaires, Sosthène et Victor *ont* BÂILL-5, *ont* ÉTERNU-5, se sont MOUCH-5, *ont* TOUSS-5, et puis TOUSS-5 encore : notre professeur qui les *a* ENTEND-12 tousser *a* COMPR-9 qu'ils n'en avaient pas la moindre envie, mais il les *a* LAISS-5 tousser quelque temps sans rien dire; les étourdis *ont* CONTINU-5 : alors, et quelle que fût sa patience, il les *a* GROND-5 d'abord; à la fin, et comme ils persistaient, il les *a* F.. (participe de *faire*) sortir de la classe, et les *a* ENVOY-5 tousser dans la cour; seulement il les y *a* ENVOY-5 surveiller par un maître d'étude : Sosthène et Victor *ont* PAR-12 bien penauds quand on leur *a* INFLIG-5 cette punition.

La loi — que vous *avez* ENTEND-12 discuter au Conseil d'État — *a* PASS-5.

Je vous envoie la plus belle douzaine de figues que figuier *ait* PORT-5.

CHAULIEU.

De la façon que nous *avons* D-9 les choses, — on *a* D-12 nous comprendre, car nous les *avons* D.. (participe de *dire*) aussi clairement que nous *avons* P-12.

Quoique les Indiens n'aient des cheveux gris que

N° 4, son è. —— N° 5, son é. —— N° 9, son i. —— N° 12, son v.

quand ils sont bisaïeuls, on en a v-12 qui étaient tout à fait gris se lasser de vivre.

Gustave de BEAUMONT. Marie.

Tous les maux paraissaient RÉUN-9 sur nous; et Dieu, qui nous en préparait les ressources, ne nous les montrait pas encore. Denain et Landrecies étaient encore CACH-5 dans les conseils éternels.

MASSILLON. Oraisons funèbres.

Toutes les faveurs que cette femme a DÉSIR-5, elle se les est v-12 accorder aussitôt qu'elle les a DEMAND-5.

PASS-5 huit heures il n'y a plus dans les maisons de jeu que des rages accidentelles D-12 à des hasards de cartes.

De BALZAC.

92ᵉ DICTÉE.

Quelle charmante partie de plaisir vous nous avez PROCUR-5, Madame!

C'est par l'isthme de Suez que l'Afrique et l'Asie sont SÉPAR-5 ou plutôt RÉUN-9 : c'est par là qu'est FORM-5 la seule communication par terre — que la nature ait CRÉ-5 primitivement, — ou que du moins, après les nombreuses révolutions du globe, elle ait LAISS-5 subsister ; — et c'est sur la séparation possible de ces deux parties du monde qu'on a v-12 se former une multitude de projets — qu'on a v-12 avorter.

Les chaleurs qu'il a F-4 cet été ont ÉT-5 très-fortes, et les quinze jours consécutifs qu'elles ont DUR-5 nous ont FATIGU-5 excessivement.

Titus était, dit-on, un des meilleurs princes qui aient

N° 4, son È. —— N° 5, son É. —— N° 12, son U.

RÉGN-5 sur Rome, mais peu de choses importantes se sont PASS-5 sous son règne.

La statue équestre — que vous *avez* V-12 ériger l'année PASS-5 — *est* TOMB-5 la veille de la Quasimodo; on nous *a* ASSUR-5 que c'est un quaker qui l'*a* F-4 tomber, ou du moins qui l'*a* PRÉPAR-5 ou AID-5 à tomber.

Madame, les robes de gaze — que vous m'*avez* ENVOY-5 commander — *sont* F.. (participe de *faire*) (dit une femme de chambre).

Rhodez et Rhoaes ne peuven *être* CONFOND-12 que par des ignorants.

Jacqueline dit : Des vingt arbres que vous m'*avez* V-12 planter, on m'en *a* CASS-5 deux, et j'en *ai* V-12 périr neuf : — de ces neuf que j'*ai* V-12 périr, cinq se sont V-12 renverser avec fracas par un ouragan, les quatre autres *ont* SÉCH-5 sur pied.

Une femme dit : Je n'*ai* F-4 que sortir de la chambre; et lorsque je *suis* RENTR-5, j'*ai* TROUV-5 une douzaine de prunes MANG-5.

———◦◦———

Le mot qui est le véritable complément du verbe logique est très-souvent un adverbe de quantité : COM-BIEN, AUTANT, PLUS, QUE (*pour combien*), *etc.*, *employé substantivement ;* — *ou un substantif collectif :* la PLU-PART, *un* NOMBRE, *une* MULTITUDE, *etc.*, *etc.*

L'adverbe employé comme substantif et le substantif collectif sont presque toujours accompagnés d'un SUB-STANTIF-DÉTERMINANT *qui s'y rattache au moyen de la préposition* DE; *exemples :* combien DE PRINCIPES, *autant* DE VICTOIRES, *plus* D'AMIS, *que* D'ENFANTS! — *ou bien :*

5.

la plupart DES HOMMES, *un nombre* DE FAUTES, *une multitude* DE FLEURS, *etc.*, *etc.*

REMARQUE TRÈS-ESSENTIELLE.

Le· participe employé dans des phrases où l'on voit figurer comme complément du verbe un adverbe devenu substantif, (ou un collectif,) suivi d'un SUBSTANTIF-DÉTERMINANT *s'accorde avec celui des deux substantifs qui domine dans la pensée (autrement dit : avec celui dont il exprime une modification).*

Le pronom — placé après un adverbe employé substantivement (ou un collectif) et le substantif qui le détermine — rappelle celui de ces deux mots qui domine dans la pensée.

Lorsque l'adverbe devenu substantif (ou le collectif) complément du verbe-logique est suivi de EN *rappelant le substantif-déterminant, — et que ces deux mots sont placés avant le participe — le participe doit s'accorder avec le substantif-déterminant rappelé par* EN *et dominant dans la pensée, bien qu'il ne figure pas lui-même dans la phrase.*

Dans la phrase où le complément du verbe-logique est un adverbe (ou un collectif) le participe s'écrit au masculin singulier dans deux cas :

1° Quand le complément du verbe-logique est placé après le participe ;

2° Quand le substantif-déterminant est placé après le participe.

NOTA. Dans le **CORRIGÉ** on trouvera imprimé en caractère gras le **substantif-déterminant** des adverbes ou des collectifs.

93ᵉ DICTÉE.

Combien de provinces de son royaume n'*a* pas PAR-
COUR-12 ainsi notre grand Henri IV !

Bernardin de Saint-Pierre. Études de la Nature.

Nous les *avons* V-12 tomber ces colosses aux pieds
d'argile, c'est par ceux-là même — qui les *avaient* ÉLEV-5
si haut — que nous les *avons* V-12 abattre.

On a honte d'avouer qu'on ait de la jalousie, et l'on se
fait honneur d'en *avoir* 12.

La Rochefoucauld.

Combien d'hommes César *a*-t-il COMBATT-12 ? combien
en *a*-t-il TU-5 ! il en *a* TU-5, certes, beaucoup !

(A Marathon) Les Athéniens s'étaient V-12 ABANDONN-5
dans un si grand péril par plusieurs peuples qui *auraient*
D-12 concourir à la défense commune.

De Ségur. Histoire ancienne.

Ma femme de chambre me quitte, elle s'est LAISS-5
séduire par l'appât de gages plus ÉLEV-5.

De tant de plaideurs qu'il *a* DÉFEND-12, combien n'en
a-t-il pas RUIN-5 !

Nous *avons* SOUR-9 malgré la présence de nos hôtes
quand nous les *avons* V-12 nous écouter avec respect,
nous qu'ils n'*avaient* pas LAISS-5 dire un mot, qu'ils
n'*avaient* pas DAIGN-5 écouter tant qu'ils nous *avaient*
CR-12 de simples artisans.

Triomphez, hommes lâches et cruels ! votre victoire
est plus grande que vous ne l'*aviez* CR-12 !

La Harpe.

Ils *ont* tous PÉR-9, EXCEPT-5 cinq ou six personnes

Nº 5, son É.   —   Nº 9, son ı.   —   Nº 12, son ʋ.

Claire dit : Le peu d'oiseaux — que j'*ai* v-12 en ce pays — m'*ont* CHARM-5 par la beauté de leur plumage.

94ᵉ DICTÉE.

Autant de batailles il *a* LIVR-5, autant il *a* REMPORT-5 de victoires.

Belle Herminie, un monstre ne t'*a* pas ENFANT-5, la nature ne t'*a* pas DONN-5 un cœur de diamant; tu fuis néanmoins celui par qui tu t'es LAISS-5 charmer: eh! ne l'*as*-tu pas v-12 s'attendrir aux larmes qu'il t'*a* v-12 répandre? Voilà donc le prix des services qu'il t'*a* REND-12 et de ceux qu'il *a* VOUL-12 te rendre?

Les six années — que ma mère *a* TRAVAILL-5 à cet ouvrage — *ont été* bien consciencieusement EMPLOY-5.

La disette — qu'il y *a* 12 cet hiver — *a* CAUS-5 bien des maladies.

Les idées — que quelques visionnaires *ont* 12 sur la possibilité de perpétuer la vie par des remèdes—*auraient* D-12 périr avec eux.

BUFFON.

Toutes les pièces nécessaires au procès vous *seront* RENVOY-5, y COMPR.. (participe de *comprendre*) les copies de certains actes, et sous huitaine vous me ferez remettre les expéditions ci-INCL.. (participe d'*inclure*).

Combien de victimes Sylla s'est-il IMMOL-5! combien *a*-t-il IMMOL-5 à son ambition de victimes innocentes!

David remporta des victoires, Saül en *avait* REMPORT-5 comme lui. Combien en *avait*-il REMPORT-5?

Vous *avez* AIM-5 votre prochain si vous lui *avez*

N° 4, son È. —— N° 5, son É. —— N° 9, son I. —— N° 12, son U.

REND-12 tous les services — que vous *avez* P-12, — que vous *avez* D-12.

WAILLY.

O Vésuve! ô fléau, qui…
… Des tours et des murs en ton sein FOUDROY-5,
Entretiens si longtemps les peuples…

CHÊNEDOLLÉ. *Lettres sur l'Italie.*

Hommes orgueilleux! l'amour d'une vaine gloire vous *a* F-4 parler sans prudence.

FÉNELON. *Télémaque.*

95ᵉ DICTÉE.

Voyez, Mademoiselle, combien de périls j'*ai* COUR-12 dans un jour; enfin je *suis* ÉCHAPP-5 des bandits, des Espagnols, et de la mer.

VOITURE. *Lettres.*

Il serait difficile à décider si la forme s'est REND-12 plus pernicieuse lorsqu'elle *est* ENTR-5 dans la jurisprudence que lorsqu'elle s'est LOG-5 dans la médecine, si elle *a* F-4 plus de ravages sous la robe d'un jurisconsulte que sous le large chapeau d'un médecin, et si dans l'une elle *a* plus RUIN-5 de gens qu'elle n'en *a* TU-5 dans l'autre.

MONTESQUIEU.

La chose alla comme on l'*avait* PRÉV-12.

LA FONTAINE.

Et, Richelieu présent, il *aurait* RACONT-5
Ou Gênes DÉFEND-12, ou Mahon EMPORT-5.

RULHIÈRE. *Les Disputes.*

On vous *a* PUN-9, Messieurs, non pour des fautes qu'on vous *ait* V-12 faire; mais pour celles que vous *avez* LAISS-5 faire, et que vous *auriez* P-12 empêcher.

N° 5, son É.   —   N° 9, son I.   —   N° 12, son U.

Que de périls vous *avez* COUR-12 ! que de fermeté vous *avez* DÉPLOY-5 ! et combien nous *aurions* ÉVIT-5 de maux si nous nous étions MONTR-5 aussi énergiques que vous dans les circonstances critiques qui se sont SUCCÉD-5.

N'*avez*-vous point TROUV-5 jolies les cinq ou six fables de La Fontaine qui sont dans un des tomes que je vous *ai* ENVOY-5 ?

Madame de SÉVIGNÉ. Lettres.

Ces dames russes que tu *as* V-12 venir chez moi s'étaient FAÇONN-5 une toilette fort bizarre dans les premiers jours qui *ont* SUIV-9 leur arrivée; mais elles *ont* OBSERV-5 nos modes, et elles s'y sont FAÇONN-5.

96ᵉ DICTÉE.

Autant de lois il *a* F.. (participe de *faire*) autant de sources de prospérité et de bonheur il *a* OUV.. (participe d'*ouvrir*).

MARMONTEL.

Mes manuscrits RATUR-5, BARBOUILL-5 et REND-12 presque indéchiffrables, attestent la peine qu'ils m'*ont* COÛT-5.

J.-J. ROUSSEAU.

C'est une maison que j'*ai* V-12 bâtir, et que j'*ai* V-12 tomber en ruines.

BESCHER.

Les six années qu'*a* DUR-5 notre liaison se sont ÉCOUL-5 fort agréablement.

WAILLY.

Les mesures — que vous lui *avez* CONSEILL-5 de prendre, — il les *a* JUG-5 fort bonnes, et en *a* US-5, nous en *avons* 12 la preuve.

N° 5, son É. — N° 9, son I. — N° 12, son U.

Mes enfants, on vous a D-9 et vous *avez* L-12 par qui *fut* GAGN-5 la bataille de Chéronée.

L'invincible Farnèse et les vaillants Nassaus,
Fiers d'*avoir* tant LIVR-5, tant SOUTEN-12 d'assauts,
Reprennent tous leur part au jour qui nous éclaire...
CORNEILLE. *Les Victoires du Roi.*

La peine que vous *avez* ÉPROUV-5, je l'*ai* RESSENT-9, lecteur; vos réflexions, je les *ai* F.. (participe de *faire*) lorsque je me suis TROUV-5 entre deux autorités d'un poids égal.

RAYNAL.

Nous *avons* complètement RÉUSS-9 dans nos entreprises commerciales. Depuis dix-huit mois à peine nous *étions* ENTR-5 dans les affaires que déjà nous *avions* DOUBL-5, QUADRUPL-5, QUINTUPL-5 nos capitaux ; que de projets alors ne se sont pas FORM-5, ne se sont pas SUCCÉD-5 dans nos têtes BOULEVERS-5.

EXCEPTION UNIQUE A LA RÈGLE IIe.

PHRASE-TYPE : Cette fleur était charmante, dès que je l'ai **eu** *cueillie* elle s'est flétrie.

*Le participe **eu** reste toujours au masculin singulier lorsqu'il est suivi d'un autre participe avec lequel il s'identifie de manière à former un temps sur-composé d'un verbe.*

N° 5, son É.   —   N° 9, son I.   —   N° 12, son U.

97ᵉ DICTÉE.

Ces fruits *étaient* déjà TOMB-5 de l'arbre, dès que je les *ai* 12 RAMASS-5 je vous les *ai* PORT-5.

Malgré toute la perfidie et toute l'adresse qu'*avaient* DÉPLOY-5 nos calomniateurs, la vérité *a* PERC-5, et l'indignation publique — que nous *avons* V-12 éclater contre eux — nous *a* VENG-5 suffisamment; nous nous sommes R-9 de leurs efforts.

Rappelez-vous, Athéniens, les humiliations que vous *avez* ESSUY-5 pour vous être LAISS-5 égarer par vos orateurs.

Nous *avons* ATTRIBU-5 la froideur de votre accueil à une lettre de Martin que nous *avons* PRÉSUM-5 que vous *aviez* REÇ-12; que nous *avons* S-12 qu'il *avait* ÉCR.. (participe d'*écrire*) contre nous; mais nous nous sommes APERÇ-12 ensuite que la cause n'était pas telle que nous l'*avions* PRÉSUM-5 d'abord.

Je me suis OFF.. (participe d'*offrir*) pour soigner la malade, (dit Noémi,) et sa mère m'*a* REFUS-5; oui, elle m'*a* REFUS-5 la grâce que je sollicitais!

... Tant que le toucher n'a pas instruit la vue,
Ses regards ignorants errent dans l'étendue;
La distance, les lieux, les formes, les grandeurs,
Tout est douteux pour l'œil, EXCEPT-5 les couleurs.
DELILLE. Imagination.

Vous voulez savoir si *j'ai* FIN-9 les deux copies que mon père m'*avait* DEMAND-5, mais je les *ai* 12 FIN-9 une heure après les *avoir* COMMENC-5.

Plus les Araoes conservent leur caractère flegmatique,

plus ils sont redoutables dans la colère qui les *a* F-4 en sortir.

RAYNAL.

98ᵉ DICTÉE.

Ma tàche était fort longue; dès que je l'*ai* 12 TERMIN-5, — je *suis* SORT-9 (dit Clémence).

Voici une règle qu'*a* ÉTABL-9 Urbain Domergue : Prononcez les deux M dans tous les mots où le M se trouve DOUBL-5 après un *i*.

J'*ai* ÉLOIGN-5 de chez moi une personne que j'*ai* CR-12 mon ennemie, et que j'*ai* s-12 qui *était* LI-5 avec des gens mal intentionnés à mon égard ; il *est* RÉSULT-5 de là de grands avantages pour moi.

Les chaleurs excessives — qu'il *a* F-4 cet automne — *ont* bien MÛR-9 nos raisins.

Les terres — trop REMU-5, et DEVEN-12 incapables de consistance, — sont TOMB-5 de toutes parts, et n'*ont* F-4 voir que d'effroyables précipices.

BOSSUET.

Par toute l'ingratitude que j'*ai* ÉPROUV-5, par les injures que j'*ai* SOUFF . (participe de *souffrir*), par l'emprisonnement qu'on m'*a* F-4 subir, par les chaînes dont on m'*a* CHARG-5, j'étoufferai ma sensibilité.

WALTER-SCOTT. Le Nain mystérieux.

Toutes les heures que vous *avez* DORM-9, Madame, je les *ai* EMPLOY-5 à faire nos préparatifs de voyage ; j'*ai* REMPL-9 toutes les malles — que j'*ai* P-12.

Pendant ces derniers temps, combien en a-t-on V-12

N° 4, son È. —— N° 5, son É. —— N° 9, son I. —— N° 12, son U.

Qui du soir au matin *sont* pauvres DEVEN-12
   Pour vouloir être trop tôt riches !

LA FONTAINE.

Madame de Maintenon disait : Mes amis m'*ont* CON-
SEILL-5 de m'adresser à M***, comme s'ils *avaient* OUBLI-5
la raison que j'ai de ne rien espérer de lui ; je vois qu'ils
m'*ont* mal CONSEILL-5.

99ᵉ DICTÉE.

J'avais beaucoup d'affaires (dit une femme) ; quand
je les *ai* 12 TERMIN-5, je *suis* ALL-5 au Luxembourg
chercher ma petite fille.

Si l'on peut vivre mille ans en un quart d'heure , à
quoi bon compter tristement les jours qu'on *aura* VÉC-12.

J.-J. ROUSSEAU.

Les reprises PERD-12, — que j'*ai* APPR.. (participe
d'*apprendre*) à faire, — me sont fort utiles ; elles me
sont plus utiles que beaucoup des autres choses que j'*ai*
APPR.. (participe d'*apprendre*).

Hélas ! j'étais aveugle en mes vœux aujourd'hui !
J'en *ai* F-4 contre toi quand j'en *ai* F-4 pour lui.

Cité par BESCHER.

Quelques historiens se sont PL-12 à ne nous peindre
Louis XI que sous son aspect ridicule, à le rendre odieux
même ; et ils *ont* NÉGLIG-5 de dire combien la puissance
du souverain s'est ACCR-12 sous ce grand politique.

Les pêches — qu'on nous *a* ENVOY-5 — *sont* REST-5 si
longtemps en route que nous ne les *avons* 12 que MEURTR-9,
que presque GÂT-5.

La jeune personne que j'*ai* V-12 peindre par madame
Marie Bouchet était très-jolie.

N° 5, son É.   ——   N° 9, son I.   ——   N° 12, son U.

Je voudrais que, nos ports de mer EXCEPT-5, il n'y eût pas d'autre ville en France que Paris.

Bernardin de SAINT-PIERRE. *Harmonies de la Nature.*

Va, ma fille, je *t'ai* DEVIN-5 ; tu *n'as* PARL-5 de toi qu'à cause de mes malheureux fils.

BALLANCHE. *Antigone.*

Des procureurs et des apothicaires, ou plutôt des avoués et des pharmaciens se sont TROUV-5 ensemble, et se sont DISPUT-5 ; ils se sont DISPUT-5 la préséance : qui pensez-vous qui *l'ait* EMPORT-5 ?

Je sais combien de disputes j'*ai* ESSUY-5 sur votre versification.

VOLTAIRE.

100ᵉ DICTÉE.

Nous *avons* REÇ-12 de Fontainebleau trois paniers d'excellent chasselas ; dès que nous les *avons* 12 CON-SOMM-5, nous en *avons* REDEMAND-5 trois autres.

Les trois postes — que nous *avons* COUR-12 — nous *ont* COÛT-5 seize francs.

De tous les emplois que nous *avons* COUR-12 nous n'en *avons* ardemment DÉSIR-5 que deux, ces deux-là seuls nous *auraient* vraiment CONVEN-12.

Ce ne sont point les Français que nous nous sommes PROPOS-5 de critiquer.

Confucius en parlant des hommes *a* D-9 : J'en *ai* V-12 qui étaient peu propres aux sciences, mais je n'en *ai* point V-12 qui fussent incapables de vertus.

VOLTAIRE.

Ma marraine *a* PAY-5 toutes les sommes — qu'elle *a* D-12.

Que de soins m'*eût* coût-5 cette tête charmante!

RACINE.

Néron dit :... Excit-5 d'un désir curieux
Cette nuit je l'*ai* v-12 (Junie) arriver en ces lieux,
Triste, levant au ciel ses yeux mouill-5 de larmes...
Immobile, sais-9 d'un long étonnement,
Je l'*ai* laiss-5 passer dans son appartement.

RACINE. *Britannicus.*

Les pommes d'api que vous m'*avez* envoy-5, je ne les *ai* 12 que gât-5.

V-12 à distance, toute ma vie *est* comme rétréc-9 par un phénomène moral, et je juge au lieu de sentir.

De BALZAC. *La Peau de chagrin.*

Les choses — qui se sont pass-5 dans la réunion des francs-maçons hier au soir — *ont* commenc-5 à transpirer: il s'y *est* pass-5 d'étranges choses, assure-t-on; en *avez*-vous entend-12 parler?

SUPPLÉMENT.

§ 5.—Du participe présent, et de l'adjectif qualificatif verbal.

Dans ces vers de Casimir Delavigne :

> La **charmante** *image*
> Que ces *chérubins*
> **Courbant** leur visage,
> Et **joignant** leurs mains
> Pour lui rendre hommage (à Dieu) !

on trouve trois mots en *ant* : 1° *charmante* (formé du verbe char-mer); 2° *courbant* et *joignant* (formés des verbes courber et joindre). — Le premier de ces mots, *charmante*, ajouté au substantif féminin singulier image, est écrit au féminin singulier : — les deux autres : *courbant* et *joignant*, sont restés au masculin singulier, quoique le substantif chérubins auquel ils sont joints soit du pluriel :

Cette différence d'accord a lieu parce que ces mots en ANT sont de **deux** sortes.

En effet :

Le mot formé d'un verbe et terminé en ANT est tantôt un ***participe présent,*** tantôt un ***adjectif verbal.***

Le mot formé d'un verbe et terminé par ANT est un participe présent quand il est joint au substantif ou au pronom pour indiquer que l'être ou la chose fait une action (*).

Le participe présent énonce donc toujours une action momentanée.

————

Le mot formé d'un verbe et terminé par ANT est un adjectif qualificatif verbal quand il est joint au sub-

————————

(*) De là la dénomination d'*adjectif actif* que certains grammairiens lui ont donnée.

stantif ou au pronom pour indiquer que l'être ou la chose possède une qualité permanente, a une habitude, une manière d'être, un état, etc., etc.

L'adjectif verbal énonce donc toujours une qualité permanente, une habitude qui subsiste.

————————

Cette distinction donne lieu à deux règles d'orthographe.

Ire RÈGLE *pour l'adjectif en ant.*

Le participe présent ne varie jamais dans son orthographe :

or il se termine toujours par ANT.

IIe RÈGLE *pour l'adjectif en ant.*

L'adjectif qualificatif verbal s'accorde en genre et en nombre avec le substantif ou le pronom qu'il modifie :

or il peut finir par ANT, par ANTS, par ANTE, par ANTES.

101e DICTÉE.

Renfermant de nombreux exemples de participes présents :

NOTA. Nous imprimerons en italique le substantif auquel chacun d'eux se rapporte ; — et nous laisserons inachevé le mot formant le sujet de la difficulté : — l'élève devra écrire en entier ce mot, en appliquant l'une ou l'autre des deux règles de cette page 118.

Entendez-vous le *ruisseau* MURMUR.. sur l'herbe fleurie ?

Parfois de grands *poissons* à fleur d'eau VOYAGE..,
Font reluire au soleil leurs nageoires d'argent,
     Ou l'azur de leurs larges queues.
La mer semble un *troupeau* SECOU.. sa toison.
Victor Hugo. Orientales.

Voyez-vous ces *débris* FLOTT.. vers la côte?

BESCHER.

Calypso aperçut un gouvernail, un mât, des *cordages*
FLOTT.. sur la côte.

FÉNELON. Télémaque.

Nos *braves* S'ACCROCH.. se prennent aux cheveux.

BOILEAU.

J'aurais une petite maison rustique... Là, point d'im-
portuns *laquais* ÉPI.. nos discours, CRITIQU.. tout bas nos
maintiens, COMPT.. nos morceaux d'un œil avide, S'A-
MUS.. à nous faire attendre à boire, et MURMUR.. d'un
trop long dîner. Nous serions nos valets pour être nos
maîtres.

J.-J. ROUSSEAU.

Des *flots* de barbares, ROUL.. les uns sur les autres,
étendaient chaque jour leurs ravages sur les contrées
populeuses et civilisées de l'Occident.

DE SÉGUR.

On voit la *sueur* RUISSEL.. sur son visage.

GIRAULT-DUVIVIER.

Je revois *Lesbos* qui se glorifie encore de son Pit-
tacus, toujours HONOR.. sa mémoire, toujours NÉGLIGE..
ses exemples.

LAYA. Discours de réception.

Toutes les *planètes*, CIRCUL.. autour du soleil, paraissent avoir été mises en mouvement par une impulsion
commune.

BUFFON.

Et ces mondes de créatures
Qui NAISS.. et VIV.. de lui (chêne)
Y puisent être et nourritures (pour nourriture)
Dans les siècles comme aujourd'hui,
Tout cela n'est qu'un gland fragile...

A. de LAMARTINE. Harmonies.

102ᵉ DICTÉE.

Renfermant de nombreux exemples d'adjectifs qualificatifs verbaux.

Vingt ans son cou robuste (du bœuf) usé par les travaux
A ramené le soc dans des sillons nouveaux,
D'un *labeur* FATIG.. esclave infatigable ;
Et sur lui vous levez une hache coupable ?

De SAINT-ANGE. Métamorphoses.

... Du nid désert qu'agite la tempête
Il (le gland) roule, confondu dans les *débris* MOUV..

A. de LAMARTINE. Harmonies.

Du plus grand des Français tel fut le triste sort !
On l'insulte, on l'outrage encore après sa mort ;
Son corps percé de coups, privé de sépulture,
Des *oiseaux* DÉVOR.. fut l'indigne pâture.

VOLTAIRE. Henriade.

(*Nous*, m. pl. ÊT..) TREMBL.., nous envoyons interroger
[Délos,
Et le trépied fatal nous répond en ces mots...

DELILLE. Énéide.

Albert-le-Grand avait fait une *tête* PARL.. ; on lit
même dans la vie de saint Thomas d'Aquin, qui était
disciple de ce physicien, qu'il fut si effrayé la première
fois qu'il entendit cette tête qu'il la jeta par terre et la
brisa.

Aimé MARTIN. Lettres à Sophie (Notes).

La barque... modulait ses accords
Que l'*onde* PALPIT.. emportait à ses bords ;
Et, selon que la plage était sourde ou sonore,
Mourait comme un soupir...

A. de LAMARTINE.

Au pied du trône (de Pluton) était la *Mort* pâle et
DÉVOR.., avec sa *faux* TRANCH.. qu'elle aiguisait sans
cesse ; autour d'elle volaient les cruelles défiances,

les *vengeances* toutes DÉGOUTT.. de sang et couvertes de plaies.

FÉNELON. Télémaque.

Par leur noire vapeur, ces tristes régions (les mines)
De la *terre* FUM.. émoussent les rayons;
Il (le mineur) entend sous ses pieds des *pompes* FRÉMISS..,
De souterraines eaux...

DELILLE.

103e DICTÉE.

L'élève y trouvera, comme dans toutes les suivantes, des participes présents, et des adjectifs verbaux ; — il devra les distinguer, afin de donner à chacun de ces mots en *ant*, que nous laisserons tous inachevés, la terminaison qui lui convient.

Dans les ardeurs de la Canicule, le lourd marron me serait-il fort agréable? *le* préférerai-je SORT.. de la poêle à la groseille, à la fraise, et aux *fruits* DÉSALTÉR.. *qui* me *sont* OFF.. (participe d'*offrir*) sur la terre avec tant de soins?

J.-J. ROUSSEAU.

Sous les lambris de cèdre on voyait réunis
Et les trésors du luxe, et ceux de la nature;
Les fleurs, les diamants, les parfums, la verdure,
Les myrtes odorants, les chefs-d'œuvre de l'art,
    Et les *fontaines* JAILLISS..
    ROUL.. leurs *ondes* BONDISS..
    A côté des lits de brocard.

FLORIAN. Fables.

Combien de *pères*, TREMBL.. de déplaire à leurs enfants, sont faibles, et croient être tendres!

DOMERGUE.

Deux *Crétois* — qui l'avaient accompagné (*Télémaque* DESCEND.. aux enfers) — demeurèrent TREMBL.. et à demi-morts assez loin de là, dans un temple, FAIS.. des vœux et n'ESPÉR.. plus de revoir Télémaque.

FÉNELON. Télémaque.

Les autres *hommes* paraissent TREMBL.. à leurs pieds.

... *Rome* SUBJUGU.. l'univers abattu
Ne vaut pas un hameau qu'habite la vertu.
DELILLE. L'Homme des champs.

Là des *femmes*, PORT.. le nom chéri de Sœurs,
D'un zèle affectueux prodiguent les douceurs.
O *courage* TOUCH..! ces tendres *bienfaitrices* (les Sœurs)
Dans un séjour infect où sont tous les supplices,
De mille *êtres* SOUFFR.. PRÉVEN.. les besoins,
Surmontent...
Madame E. de GIRARDIN.

104ᵉ DICTÉE.

Ces deux *glaives*, BRILL.. comme des éclairs qui portent
des foudres, se croisent plusieurs fois.
FÉNELON. Télémaque.

Des *esprits* bas et RAMP.. ne s'élèvent jamais au sublime.
GIRARD.

Voyez ces *couleuvres* RAMP.. au pied du mur.

Comblez ces *fleuves* ÉCUM..
Qui nous ont opposé d'impuissantes barrières;
Aplanissez ces monts, dont les *rochers* FUM..
Tremblaient sous nos foudres guerrières.
Casimir DELAVIGNE. 2ᵉ Messénienne.

Pareil au champignon difforme
Poussé dans une nuit au pied d'un chêne énorme,
Qui laisse les *chevreaux* autour de lui PAISS..
Essayer leur dent folle à l'arbuste...
Victor HUGO. Voix intérieures.

Elle (l'Espérance) tient des *fleurs* NAISS.. dans ses
mains; quelquefois une coupe pleine d'une liqueur enchanteresse... plus on avance vers le tombeau, plus elle
se montre pure et BRILL.. aux mortels consolés.
CHATEAUBRIAND. Les Martyrs.

A des *bœufs* RUMIN.. l'Égypte rend hommage !

RACINE. *La Religion.*

... L'habitant des forêts (le cerf)
Rend déjà grâce aux bœufs ;...
L'*un* des bœufs, RUMIN.., lui dit : Cela va bien ;
Mais quoi ! L'homme aux cent yeux n'a pas fait sa revue,
   Je crains fort pour toi sa venue.

LA FONTAINE. *Fables.*

Des troupeaux d'*animaux* BONDISS.. fouleront cette terre jadis impraticable.

BUFFON.

   Cérès faisait voyage, un jour,
   Avec l'anguille et l'hirondelle ;
Un fleuve les arrête : et l'*anguille* en NAGE..,
   Comme l'*hirondelle* en VOL..,
Le traversa bientôt : = Et Cérès, que fit-elle ?...

LA FONTAINE. *Fables.*

Il n'y a que les *âmes* AIM.. qui soient propres à l'étude de la nature.

B. de SAINT-PIERRE.

105ᵉ DICTÉE.

Je *les* ai VUS MOUR.. au champ d'honneur, MOUR.. de la mort des braves.

GIRAULT-DUVIVIER.

C'est là qu'on voit errer les taureaux qui mugissent, les brebis qui bèlent avec leurs tendres *agneaux* BONDISS.. sur l'herbe.

FÉNELON. *Télémaque.*

Par delà des *marais* CROUPISS.. et des lacs de soufre et de bitume, dans les vastes régions de l'enfer, s'ouvre un cachot, séjour du plus infortuné des habitants de l'abîme ; c'est là que le démon de la jalousie fait entendre ses éternels hurlements : pour éteindre sa *soif* BRÛL.., il

boit un poison composé de ses sueurs et de ses larmes ;
ses *lèvres* TREMBL.. respirent l'homicide...

CHATEAUBRIAND. Les Martyrs.

... La *cascade*, aux caprices des vents,
Aux rayons du soleil LIVR.. ses *plis* MOUV..,
Comme un voile argenté se déploie avec grâce.

Madame Amable TASTU. Shakespeare.

Un moment *elle* est gaie, un moment sérieuse,
RI.., PLEUR.., JAS.., se TAIS.. iour à tour,
Enfin, CHANGE.. d'humeur mille fois en un jour.

DESTOUCHES, Le Philosophe marié.

Je vois ces murs sanglants, ces portes embrasées,
Sous ces *lambris* FUM.. ces femmes écrasées,
Ces *esclaves* FUY.., le tumulte, l'effroi,
Les armes, les flambeaux, la mort autour de moi.
Là, NAGE.. dans son sang et souillé de poussière,
TOURN.. encor vers moi sa MOUR.. *paupière,*
Cresphonte en EXPIR.. me serra dans ses bras.

VOLTAIRE. Mérope.

Les Romains, autrefois assis sur des escabelles à leur
banquet modeste, se couchèrent sur des *lits* somptueux,
ÉCLAT.. de pourpre, d'or et d'ivoire.

DE SÉGUR.

FIN DE LA DEUXIÈME SECTION.

TROISIÈME SECTION.

POUR LES ÉLÈVES LES PLUS AVANCÉS.

OÙ L'ON TROUVERA PRÉSENTÉES

sans aucun ordre méthodique

toutes les difficultés qu'offre l'accord du participe passé, etc.,

ET CELLE QUE PRÉSENTE LA DISTINCTION A FAIRE
ENTRE LE PARTICIPE PRÉSENT ET L'ADJECTIF VERBAL.

PARTIE DE L'ÉLÈVE.

NOTA.

Dans les dictées formant cette troisième section l'élève devra, comme il l'a fait précédemment :

1º Mettre un S sous le *sujet* du verbe *être* suivi d'un participe,—ou un C sous le *complément* de chaque *verbe-logique* lorsque ce complément sera exprimé ; (ou bien un C après le participe lorsque le complément ne figurera pas dans la phrase ;)

2º Remplacer les chiffres qui terminent ici les participes par les lettres qu'exigera l'accord.

Quant aux mots terminés en ant, dont nous nous sommes occupée à la fin de la deuxième section, nous les laisserons toujours inachevés, — l'élève devra d'abord distinguer s'ils sont participes présents ou adjectifs verbaux ; et ensuite les terminer par les lettres qu'exigent l'application de l'une ou de l'autre des règles de la page 118.

L'ORTHOGRAPHE

DU PARTICIPE

ENSEIGNÉE PAR LA PRATIQUE.

TROISIÈME SECTION.

POUR LES ÉLÈVES LES PLUS AVANCÉS.

106ᵉ DICTÉE.

Quelques-uns lui *ayant* CRI-5 qu'il continuât sa défense, Servilius dit aux Romains : j'*ai été* APPEL-5 au gouvernement de l'État ; j'*ai* MARCH-5 aux ennemis que j'*ai* DÉF-4 en deux batailles, et que j'*ai* CONTR-17 de se renfermer dans leurs places ; et pendant qu'ils s'y tenaient comme CACH-5, j'*ai* RAVAG-5 leurs terres, j'en *ai* TIR-5 une quantité prodigieuse de grains que j'*ai* F-4 apporter à Rome où j'*ai* RÉTABL-9 l'abondance. Quelle faute *ai*-je COMM.. (participe de *commettre*) jusqu'ici ? me veut-on faire un crime d'*avoir* REMPORT-5 deux victoires ? J'*ai*, dit-on, PERD-12 beaucoup de monde... et quelle divinité s'est ENGAG-5 envers le peuple romain à lui faire remporter des victoires sans aucune perte ? J'en *suis* VEN-12 aux mains avec des troupes plus nombreuses que celles que vous m'*avez* CONFI-5, j'*ai* M.. (participe de *mettre*) en déroute leurs légions. Si j'*avais* RAMEN-5 nos soldats dans leur camp, nos tribuns ne m'accu-

---

Nº 5, son É.   ——   Nº 9, son ı.   ——   Nº 12, son ʊ.

---

seraient-ils pas? Si vos ennemis se sont RALLI-5, s'ils *ont été* SOUTEN-12 par un corps de troupes, et si dans une action j'*ai* PERD 12 quelques soldats, n'est-ce pas le sort ordinaire de la guerre?

S'il est vrai que j'*ai* CHASS-5 les ennemis de votre territoire, que je leur *ai* TU-5 beaucoup de monde dans deux combats, que j'*ai* FORC-5 les débris de leurs armées de s'enfermer dans leurs places, que j'*ai* ENRICH-9 Rome et vos soldats... que vos tribuns se lèvent!...

                    VERTOT. *Révolutions romaines.*

Plus on lui *a* OPPOS-5 d'ennemis plus il en *a* VAINC-12.

Je puis dire que, ma mère EXCEPT-5, je n'*ai* 12 personne dans le monde pour qui j'*aie* CONSERV-5 une si forte et si durable affection.

         Bernardin de SAINT-PIERRE. *Études de la Nature.*

Chloé *a* JOU-5 du luth; puis elle *a* CHANT-5 une romance, et je l'*ai* ENTEND-12 s'accompagner sur la guitare.

Ces deux chimistes HABITU-5 à fabriquer eux-mêmes leur lut avec du blanc d'œuf et de la chaux, se sont V-12 VAINC-12 par leurs concurrents dans la lutte qu'ils *ont* ENGAG-5 au sujet de cette fabrication, dans les opérations qu'ils s'étaient ENGAG-5 à faire en se servant de ce lut, et pour lesquelles ils s'étaient ENGAG-5 leur parole d'honneur.

107ᵉ DICTÉE.

PIERRE-LE-GRAND, EMPEREUR DE RUSSIE.

Pierre-le-Grand *fut* REGRETT-5 en Russie de tous ceux qu'il *avait* FORM-5 : quand les étrangers *ont* V-12 que tous ses établissements étaient durables, ils *ont* 12 pour lui une admiration constante, et ils *ont* AVOU-5 qu'il

N° 5, son É. —— N° 9, son I. —— N° 12, son U.

avait été INSPIR-5 plutôt par une sagesse extraordinaire que par l'envie de faire de grandes choses : l'Europe *a* RECONN-12 qu'il *avait* AIM-5 la gloire, mais qu'il l'*avait* M.. (participe de *mettre*) à faire du bien, que ses défauts n'*avaient* jamais AFFAIBL-9 ses grandes qualités ; qu'en lui, l'homme eut ses taches, et que le monarque fut toujours grand. Il *a* FORC-5 la nature en tout : dans ses sujets, dans lui-même, et sur la terre et sur les eaux ; mais il l'*a* FORC-5 pour l'embellir : les arts, qu'il *a* TRANS-PLANT-5 de ses mains dans des pays dont plusieurs alors étaient sauvages, *ont* en FRUCTIFI.. REND-12 témoignage à son génie, et ÉTERNIS-5 sa mémoire ; ils paraissent aujourd'hui originaires des pays où il les *a* PORT-5 : lois, police, politique, discipline militaire, marine, commerce, manufactures, sciences, beaux-arts, tout s'est PERFEC-TIONN-5 selon ses vues ; et, par une singularité dont il n'est point d'exemple, ce sont quatre femmes MONT-5 après lui sur le trône, qui *ont* MAINTEN-12 tout ce qu'il acheva, et *ont* PERFECTIONN-5 tout ce qu'il entreprit.

VOLTAIRE. *Histoire de Pierre-le-Grand.*

Tenez toujours DIVIS-5 les méchants ;
La sûreté du reste de la terre
Dépend de là...

LA FONTAINE.

Les conquérants du Mexique et du Pérou *ont* tous PÉR-9 de mort violente.

Bernardin de SAINT-PIERRE. *Études de la Nature.*

La demi-heure que j'*ai* DORM-9 m'*a* SOULAG-5 la tête.

Combien d'âmes timides elle *a* ENCOURAG-5 ! combien de folles vertus elle *a* REDRESS-5 !

6.

No 4, son È. —— No 5, son É. —— No 9, son I. —— No 12, son U.

108ᵉ DICTÉE.

La nouvelle qu'on *a* PUBLI-5 récemment de la découverte d'un gîte aurifère considérable en Australie, et les détails que nous nous sommes LAISS-5 donner de l'excessive richesse de ce gîte peuvent être vrais, mais nous ne les *avons* pas JUG-5 vraisemblables.

Que *sont* DEVEN-12 tous ces faquins qui, n'*étant* pas DOU-5 du simple sens commun, n'*ayant* pas 12 l'intelligence nécessaire pour se gouverner eux-mêmes, se sont ARROG-5 des droits sur nous, se sont DISPOS-5 à nous gouverner, se sont D-9 nos maîtres enfin ? s'étant SUCCÉD-5 rapidement au pouvoir, ils *sont* tous RENTR-5 dans l'obscurité et l'oubli; nous en *avons* V-12 même quelques-uns, après que nous les *avions* V-12 s'élever assez haut, retomber subitement dans la fange d'où quelques circonstances les *avaient* F-4 sortir, d'où elles les *avaient* momentanément TIR-5.

Je me flatte de deux choses que l'on *a* CR-12 longtemps impossibles.

VOLTAIRE.

Les leçons que j'*ai* 12 à apprendre m'*ont* COÛT-5 peu d'étude.

BESCHER.

Les *inventions* des hommes vont en AVANÇ.. de siècle en siècle.

PASCAL.

Quelque-chose que Luc et son frère nous *ont* D-9 nous *a* PORT-5 à les soupçonner : oui, nous les *avons* V-12 se lancer des regards furtifs; nous les *avons* ENTEND-12 hésiter dans leurs réponses plus que ne l'*auraient* EXIG-5 la nécessité et la convenance; plusieurs

Nº 4, son É. —— Nº 5, son É. —— Nº 9, son I. —— Nº 12, son U.
Nº 30, son R.

motifs enfin nous *ont* F-4 soupçonner qu'ils manquent de franchise : à quoi leur *auront* SERV-9 les soins que leur *a* COÛT-5 le désir de nous plaire?

Mademoiselle Arsinoé, vous nous *avez* PAR-12 plus que légère ; nous vous *avons* même TAX-5 de folie ; et quelque chose qu'on nous *ait* D.. (participe de *dire*) en votre faveur, on ne nous *a* pas PERSUAD-5.

109ᵉ DICTÉE.

Consultez Socrate, Platon, Descartes, Mallebranche, ils vous *ont* CRÉ-5 de nouveaux besoins pour vous donner de nouveaux plaisirs ; ils se sont RETIR-5 au dedans d'eux-mêmes, et ils *ont* DÉCOUVE-30 un monde REMPL-9 de merveilles : ils *ont* RECONN-12 que l'homme extérieur n'est pas tout l'homme : les ressorts CACH-5 qui donnent le jeu à la pensée *ont été* M-9 au jour ; la raison, OBSERV-5 dans ses causes et dans ses effets, *a été* SOUM.. (participe de *soumettre*) à des lois ; et alors, de connaissance en connaissance, elle *a* P-12 s'élever jusqu'à un premier et unique régulateur.

Voilà quelques-unes des vérités que le genre humain doit à la philosophie, sont-elles moins grandes que toutes celles que nous *a* APPR.. (participe d'*apprendre*) l'astronomie ou la chimie?

LAROMIGUIÈRE. *Leçons de philosophie.*

Combien *a*-t-on V-12 de gens s'enrichir par des moyens iniques! mais, malheur à ceux qui *ont* AG-9 de la sorte! on en *a* V-12 beaucoup finir dans la misère et l'opprobre une vie qu'ils *avaient* CR-12 embellir par l'injustice et le crime!

Quelle tragédie *a*-t-on JOU-5 aux Français hier? =

N° 4, son É. —— N° 5, son É. —— N° 9, son I. —— N° 12, son U.

On *a* JOU-5 Athalie, ce chef-d'œuvre d'élégance et de correction : en entendant mademoiselle Rachel dire ces beaux vers de Racine, le parterre et les loges se sont SENT-9 SAIS-9 d'un subit enthousiasme, et l'admiration qu'ils *ont* ÉPROUV-5 *a* ÉCLAT-5 par d'unanimes bravos, des applaudissements RÉITÉR-5, et un murmure approbatif plus flatteur encore.

Des dix livres d'aloès que tu m'*as* F-4 passer il y a six mois, quatre me *sont* REST-5 jusqu'à hier, où j'en *ai* VEND-12 deux.

Le peu de subsistances qu'on *avait* LAISS-5 dans la citadelle l'*a* OBLIG-5 de se rendre : elle *avait été* PRÉDIS-POS-5 à cela par les vives et nombreuses attaques qu'elle *avait* 12 à subir, et dont elle *avait* considérablement SOUFF.. (participe de *souffrir*) parce qu'elles s'étaient SUCCÉD-5 rapidement : après s'être REND-12 un compte exact de ses ressources, le commandant les *a* JUG-5 insuffisantes, et la place s'est REND-12 ; elle *a* CAPITUL-5 dès que la trompette *a* SONN-5.

110ᵉ DICTÉE.

L'histoire de France de Mennechet que je vous *ai* DONN-5 à étudier m'*a* PAR-12 fort consciencieusement F.. (participe de *faire*), fort impartialement ÉCR.. (participe d'*écrire*), et de plus elle m'*a* SEMBL-5 très-agréablement RÉDIG-5.

Des *êtres* VIV.. sans nombre ont été les victimes des révolutions du globe physique : les uns, habitants de la terre sèche, se sont V-12 ENGLOUT-9 par des déluges; les autres, qui peuplaient le sein des eaux, *ont été* M-9 à

No 4, son'È. —— No 5, son É. —— No 9, son I. —— No 12, son U.

sec avec le fond des mers subitement RELEV-5; leurs races mêmes *ont* FIN-9 pour jamais.

CUVIER. Discours sur les Révolutions du globe.

Que de dangers *a* COUR-12 mon frère !

Quelle somme vous *est*-il ÉCH-12 après que votre tante *est* DÉCÉD-5, et quelle somme *est* ÉCH-12 à votre frère ? = Ma tante *a* TEST-5 en ma faveur, et quarante mille francs m'*ont été* LÉGU-5 par elle. = Qu'*avez*-vous F-4 de cette somme qui vous *est* ÉCH-12 ? = Je l'*ai* M.. (participe de *mettre*) dans le commerce, et en peu de temps je l'*ai* QUADRUPL-5. = Et lorsque vous l'*avez* 12 QUA-DRUPL-5, l'*avez*-vous 12 longtemps intacte ? Y *avez*-vous TOUCH-5, en *avez*-vous CONSACR-5 une partie à satisfaire vos goûts de luxe, ou l'*avez*-vous F-4 valoir en entier de nouveau ? = Je l'*ai* CONFI-5 à un armateur de mes amis : nous *avons* RÉUSS-9 dans les opérations que nous *avons* ENTREPR., (participe d'*entreprendre*) ensemble ; et elle m'*a* encore beaucoup RAPPORT-5 : = Voilà la marche que j'*avais* ESPÉR-5 que vous prendriez : c'était bien la plus sage.

De ce sacré sénat la moitié CORROMP-12
Ayant ACHET-5 Rome à César l'*a* VEND-12.

VOLTAIRE. Mort de César.

Combien en *a*-t-on V-12 (de plaideurs), je dis des plus
[huppés,
A souffler dans leurs doigts dans ma cour OCCUP-5.

RACINE. Les Plaideurs.

111e DICTÉE.

Nos deux coqs *ont* 12 de nombreux démêlés ; après qu'ils les *ont* 12 TERMIN-5 à grands coups de bec, ils *sont* RETOURN-5 auprès de leurs poules.

— Comment se sont TERMIN-5 les querelles que ces animaux *ont* 12 entre eux?

Les coqs-d'Inde *sont* ARRIV-5; nos coqs les *ont* ENTEND-12 glouglouter : ils ne se sont pas T-12, au contraire ils *ont* encore plus ÉLEV-5 la voix : les poules *ont* PIAUL-5, les vaches MUG-9, les chevaux HENN-9 : ASSOURD-9 par ce tintamarre, deux garçons de ferme *sont* ACCOUR-12; ils *ont* RÉTABL-9 la paix : mais les bruits divers qu'il y *avait* 12 dans la basse-cour *avaient* M-9 tout le château en émoi pendant la demi-heure qu'ils *avaient* DUR-5 : aussi combien de gens n'*a*-t-on pas V-12 en venir demander la cause.

Cassius, naturellement fier et impétueux, ne cherchait dans la perte de César que la vengeance de quelques injures qu'il en *avait* REÇ-12.

VERTOT. *Révolutions romaines.*

Depuis qu'Euphrosine s'est CR-12 belle, qu'elle *a* CR-12 être au moins la rivale de Vénus, qu'elle se l'est PERSUAD-5 (ou qu'elle s'en est PERSUAD-5), elle n'*a* plus GARD-5 de mesures elle *a* journellement EXTRAVAGU-5; et que de gens n'*a*-t-on point V-12 extravaguer comme elle! combien on en *aurait* COMPT-5 dans ceux qui l'entouraient! et combien *avons*-nous V-12 de ces gens conserver leurs illusions folles! — nous lui *avons* F-4 des observations, quoique par là nous nous (fém.) soyons EXPOS-5 à lui déplaire; mais elle n'en *a* TEN-12 aucun compte, elle s'est même MOQU-5 des avis que nous nous sommes DONN-5 la peine de lui prodiguer.

Nº 4, son Ê. —— Nº 5, son É. —— Nº 9, son I. —— Nº 12, son U.
Nº 17, son IN.

112º DICTÉE.

La nature *a* F-4 les enfants pour *être* AIM-5 et
SECOUR-12, mais les *a*-t-elle F-4 pour *être* OBÉ-9 et CR-17?

J.-J. ROUSSEAU.

La plupart des monarques qui se sont SUCCÉD-5 sur
le trône de France, et *ont* GOUVERN-5 notre noble patrie, se sont CR-12 OBLIG-5 d'entretenir le courage
naturel de leurs sujets; oui, la plupart ils se sont PL-12
à développer chez les Français l'amour des combats et
l'enthousiasme de la gloire : ils *auraient été* peu FLATT-5
de commander à un peuple ami des douceurs de la paix ;
ils se seraient peu SOUCI-5 d'avoir sous leur sceptre une
nation essentiellement industrielle ; ils *ont* VIS-5 plus
haut, ils *ont* PRÉTEND-12 gouverner un peuple de héros :
ces prétentions on les croirait en vain EXAGÉR-5, ils les
savaient FOND-5, et nos pères ne leur *ont* point FAILL-9.
C'est ainsi que se sont DÉVELOPP-5 tant de grands
courages; ainsi que se sont ACCOMPL-9 tant d'actions
glorieuses; ainsi que se sont V-12, que se sont SUCCÉD-5
tant de dévouements sublimes et dignes de faire l'admiration des siècles. Que de généreux français n'*a*-t-on
pas V-12, OCCUP-5 uniquement du bien-être ou de la
gloire de la patrie, sacrifier pour elle les biens que
l'homme *a* toujours le plus ardemment DÉSIR-5 et RE-
CHERCH-5 : richesses, plaisirs, affections même! et combien n'en *a*-t-on pas V-12 faire au bien public le sacrifice
de leur vie! on en *a* V-12 un si grand nombre, de ces
nobles et héroïques dévouements, que les noms de tous
ceux qui les *ont* ACCOMPL-9 ne nous *sont* pas même
PARVEN-12, PERD-12 qu'ils se sont dans la foule, EFFAC-5
qu'ils *ont* ÉT-5 l'un par l'autre.

Nᵒ 4, son È. —— Nᵒ 5, son É. —— Nᵒ 9, son I. —— Nᵒ 12, son U.
Nᵒ 17, son IN. —— Nᵒ 30, son R.

Cette loi *a été* bien DÉFEND-12, et elle *a* PASS-5.

Les chaleurs qu'il *a* F-4 cet été *ont* bien NU-9 à nos récoltes ; elles *ont* BRÛL-5 nos grains, et DESSÉCH-5 nos terres ; et nous-mêmes, elles nous *ont* ALTÉR-5 la santé ; elles nous *ont* presque REND-12 malades.

113ᵉ DICTÉE

D'abord il (Mithridate) *a* TENT-5 les atteintes mortelles
Des poisons que lui-même *a* CR-12 les plus fidèles ;
Il les *a* TROUV-5 tous sans force et sans vertu.
RACINE. Mithridate.

Nous *avons* PRÉSENT-5 deux placets que le prince *a* ACCUEILL-9 avec bonté : dès que nous les *avons* 12 PRÉSENT-5 nous *avons* CRI-5 : Vivat ! mais les assistants nous *ont* LAISS-5 crier tout seuls, et *ont* GARD-5 le tacet.

Par qui vous êtes-vous PROCUR-5 ces diamants bruts ? Quelle somme vous *ont*-ils COÛT-5 ? combien en *avez*-vous OFFE-30 au moment où le joaillier vous les *a* OFFE-30 ? quel *a* été votre but quand vous les *avez* ACHET-5 ? enfin à qui les *avez*-vous DESTIN-5 ?

Deux gardes municipaux *ont été* ATTAQU-5 hier au soir : les vauriens qui les *ont* ATTAQU-5 *ont* F-4 contre eux des démonstrations que les défenseurs de l'ordre *ont* D-12 repousser à coups de fusil : deux de leurs adversaires *ont été* ATT-17 ; les chirurgiens qu'on *a* CHERCH-5 vainement à avoir n'*étant* pas VEN-12, des commères se sont CHARG-5 du premier pansement, et elles *ont* APPLIQU-5 sur les plaies des cataplasmes de persil : des élèves en chirurgie que l'on *a* enfin DÉCOUVE-30 les *ont* beaucoup BLÂM-5 ; elles se sont DÉFEND-12 avec

N° 4, son È. —— N° 5, son É. —— N° 9, son I. —— N° 12, son U.

vivacité, elles *ont* SOUTEN-12 leur thèse avec acharnement ; bref, elles *ont* CAQUET-5 deux heures à ce sujet : leur babil intarissable nous *a* tous ASSOURD-9.

La journée d'hier a été une des plus belles qu'il y *ait* 12 cette année ; oui, c'est un des plus beaux jours qu'il y *ait* 12 jusqu'ici, un des plus beaux que j'*aie* 12, un des plus agréables que nous *ayons* V-12, et dont nous *ayons* JOU-9.

Sa bonté ne venait pas d'un effort de réflexion, mais du fond de l'inclination qu'elle en avait, et de l'habitude qu'elle s'en était F.. (participe de *faire*).

Examinez les *enfants* APPREN.. leurs fables.

LEMARE.

Les deux parasols que vous *avez* F-4 faire à Luc, et que vous *avez* ENVOY-5 chercher par votre valet-de-chambre, m'*ont* PAR-12 fort bien F-4, et très-solidement COUS-12.

114ᵉ DICTÉE.

Le peu de sûreté que j'*ai* V-12 pour ma vie à retourner à Naples m'*a* F-4 y renoncer pour toujours.

MOLIÈRE. L'Avare.

Urbain Domergue nous *a* EXPLIQU-5 l'origine du mot pataquès : nous nous la sommes LAISS-5 répéter par un de ses élèves, et voici à quelques termes près l'explication qu'il nous en *a* DONN-5. Une belle parleuse *ayant* RAMASS-5 un éventail TOMB-5 aux pieds de deux nouvelles enrichies : « Est-il à vous, Madame? *aurait*-elle DEMAND-5 à l'une d'elles. = Il n'est poin**z** à moi. = Il est donc à vous? *aurait*-elle RÉPLIQU-5 à l'autre. = Il n'est pa**l** à moi. = Il n'est poin**z** à vous, il n'est pa**l** à

vous : alors, Mesdames, je ne sais pas à qui est-ce. —
Cette plaisanterie, dit Domergue, a COUR-12 dans le
cercle, et le mot *est* REST-5.

Les *peuples* ERR.. doivent être les derniers qui *aient*
ÉCR-9.

VOLTAIRE.

Deux de mes cousins germains qui *ont'* VOYAG-5
jusque sous l'Équateur *sont* ARRIV-5 il y a six semaines
nous surprendre à l'improviste : sans s'être F-4 annoncer. ils *sont* ENTR-5 ; nous ne les *avions* jamais V-12
parce qu'ils *étaient* PART-9 jeunes, mais, comme ils
se sont D-9 nos parents, nous les *avons* ACCUEILL-9, et
ACCUEILL-9 avec cordialité, comme on accueille des parents; ils *ont* DÉJEUN-5 avec nous; la conversation *a*
ROUL-5 sur les longues pérégrinations qu'ils *avaient*
F.. (participe de *faire*), et sur les chances heureuses
que leur *avait* OFF.. (participe d'*offrir*) le commerce
d'outre-mer; ils nous *ont* D-9 l'état de leurs affaires,
qu'ils nous *ont* MONTR-5 brillantes; ils s'étaient F-4
depuis peu une pacotille de cent mille écus, V-12 les espérances de réussite qu'ils *avaient* CONÇ-12 de nouveau : ils nous *ont* PROPOS-5 d'unir nos intérêts aux
leurs; nous les *avons* CR-12, et nous nous sommes
ASSOCI-5 : vous trouverez CI-INCL.. (participe d'*inclure*)
copie des actes d'association que nous nous sommes
PROPOS-5 de faire, veuillez nous dire s'ils *sont* bien RÉ-
DIG-5.

N'est-ce pas là cette paire de ciseaux que vous *aviez*
CR-12 PERD-12?

N° 4, son È. ── N° 5, son É. ─── N° 9, son I. ─── N° 12, son U.

115ᵉ DICTÉE.

Nous *avons* VÉRIFI-5 tous vos totaux, et nous les *avons* TROUV-5 justes, EXCEPT-5 deux ou trois; mais ce qui nous *a* SEMBL-5 le plus extraordinaire, c'est que ces deux ou trois totaux que nous *avons* TROUV-5 faux étaient précisément ceux dont les sommes étaient les plus exiguës : peut-être, mes bonnes amies, *vous* étiez-vous NÉGLIG-5 en faisant ces règles; peut-être *aviez*-vous NÉGLIG-5 d'en faire les preuves parce qu'elles vous *avaient* PAR-12 très-faciles?

Combien vous *ont* COÛT-5 ces tableaux, ces émaux et ces coraux? si vous *avez* beaucoup DÉPENS-5 pour les avoir, vous pouvez bien, je pense, regretter les sommes qu'ils vous *ont* COÛT-5, car ce ne sont ni des originaux, ni des objets précieux.

Les chimistes Vauquelin et Fourcroy *ont* EXCELL-5 dans leur temps : n'est-ce pas par eux que vous *avez* ENTEND-12 dire que le camphre est une sorte d'huile concrète? ne les *avez*-vous pas ENTEND-12 expliquer dans leurs leçons cette notion élémentaire?

Combien de projets *a*-t-il F-4 OU RÉFORM-5! combien d'ouvertures *a*-t-il DONN-5! combien de services *a*-t-il (M. de Lamoignon) REND-12 dont il *a* DÉROB-5 la connaissance à ceux qui en *ont* RESSENT-9 les effets !

FLÉCHIER. Oraisons funèbres.

C'est mon frère et ma sœur que vous *avez* V-12 hier chez moi.

Ils poussèrent des cris de joie en REVOY.. les compagnons qu'ils *avaient* CR-12 PERD-12.

FÉNELON. Télémaque.

N° 4, son ȇ. —— N° 5, son ȇ. —— N° 9, son ı. —— N° 12, son ʊ.

La sœur d'Hérode dit :
     Mazael, tu m'*as* v-12 avec inquiétude
     Traîner de mon destin la triste incertitude.

Racine.

Cette *réflexion* EMBARRASS.. notre homme :
On ne dort pas, dit-il, quand on a tant d'esprit.

La Fontaine. *Fables.*

Les suites funestes du système de Law ne nous *ont* pas
REND-12 plus circonspects.

116ᵉ DICTÉE.

Tant qu'*ont* DUR-5 les envahissements des Sarrasins,
tant que se sont SUCCÉD-5 leurs conquêtes, ils se sont
MONTR-5 TOLÉR.., et se sont APERÇ-12 des bons effets
de cette politique par le nombre des prosélytes qu'ils
ont F-4.

Des Michels. *Moyen-Age.*

Votre amie Clarisse s'est LAISS-5 abattre par le chagrin auquel elle s'est LAISS-5 aller, auquel elle s'est
ABANDONN-5 complètement; tous ses amis l'y *ont* v-12
succomber, pendant qu'elle-même s'est SENT-9 consu-
mer par une douleur si grande qu'elle n'*a* pas 12 la force
de la vaincre : sa cousine s'était, elle, LAISS-5 dévorer
par l'ennui, et nous les *avons* v-12 toutes les deux sécher
sur pied : Clarisse s'est FLÉTR-9 comme une rose qu'*ont*
BRÛL-5 les vents qui *ont* SOUFFL-5 du midi, et elle *a*
SUCCOMB-5 ce matin. Avant de mourir, elle s'était v-12
enlever par la mort presque tous ceux par qui elle
s'était v-12 AIM-5, et ce sont toutes ces pertes cruelles
qui l'*ayant* trop vivement IMPRESSIONN-5 l'*ont* ENLEV-5
à notre affection; elle nous *a* AVOU-5 sa faiblesse, elle

---

l'a RECONN-12, mais elle n'*avait* P-12 en triompher : la nature qui l'*avait* DOU-5 d'une âme tendre, lui *avait* REFUS-5 la force et la résignation.

Les rubans que j'*ai* COMMAND-5 à Saint-Étienne, et qui me *sont* ARRIV-5 hier au matin, je les *ai* 12 tout TACH-5.

Ils ne *sont* pas encore REVEN-12 les deux commis que j'*ai* ENVOY-5 acheter les deux cents, ou plutôt les deux cent trois pièces de drap que j'*ai* V-12 et MARCHAND-5 à Pau dans le Béarn, dans le Tarn et à Châteauroux; ne les *auraient*-ils plus TROUV-5? se seraient-ils LAISS-5 devancer par quelque autre acquéreur?

Il insulte les rois qu'*a* DOMPT-5 sa valeur.

BESCHER.

Nous *avons* S-12, car on nous l'*a* MAND-5, que vos sœurs se sont PROPOS-5 pour dames d'honneur de la princesse; le prince les *a-t-il* AGRÉ-5?

A-t-il AGRÉ-5 les offres de services que vous *avez* F.. (participe de *faire*)? les services que vous vous êtes PROPOS-5 de rendre à l'État?

117ᵉ DICTÉE.

Elle regagne par une course rapide le peu de moments qu'elle *a* PERD-12.

FONTENELLE.

Le peu de louanges que je lui *ai* ACCORD-5 *a* AMEN-5 la froideur qu'on *a* V-12 régner entre nous.

Nous *avons* TRAVAILL-5 huit jours entiers pour contenter nos chefs, un signe approbatif est la seule récompense que tous nos efforts nous *aient* VAL-12.

Tous les regards *étaient* CONCENTR-5 sur Pauline, la

N° 4, son È. —— N° 5, son É. —— N° 9, son I. —— N° 12, son U.

comtesse lui demanda la lorgnette qu'elle lui *avait*
DONN-5 à porter.

DE BALZAC.

Combien *avez*-VOUS GAGN-5?

GIRAULT-DUVIVIER.

Combien à cet écueil se sont déjà BRIS-5!

CORNEILLE.

J'*ai* RENCONTR-5 Césarine chez sa sœur, et je l'*ai*
TROUV-5 beaucoup plus gracieuse que de coutume ;
ma mère aussi l'*a* TROUV-5 bien CHANG-5 à son avan-
tage, elle s'est enfin REND-12 maîtresse de son humeur.

S'AGIT.. de fureur sous leurs *voûtes* TREMBL..,
Ils luttent en GROND.., ils s'indignent du frein.

DELILLE. Énéide.

Nous *avons* F-4 tous les efforts que nous *avons* P-12
pour que la fable que nous *avons* 12 à composer offrît
une morale pure, et fût aussi intéressante que celle que
nous *avions* 12 à apprendre la semaine dernière; et
nous nous sommes RÉJOU-9 de voir que nos condisciples n'*ont*, pas plus que nous, NÉGLIG-5 cette occasion
qu'ils *ont* 12 de contenter leur professeur.

La bergère Agnès, quoique gaie et folâtre, s'est
exactement ACQUITT-5 de ses devoirs; elle n'*a* pas NÉ-
GLIG-5 de guéer ses brebis; elles les *a* GUÉ-5 dans le
seul endroit où la Meurthe se soit MONTR-5, lui *ait*
PAR-12 guéable : le gué y était peu sûr.

Pierre et Thomas se sont PARL-5 entre quatre yeux; ils
se sont catégoriquement EXPLIQU-5, et se sont RECONN-12
des torts mutuels.

C'est une leçon que j'*ai* APPR.. (participe d'*apprendre*), une sorte de composition que j'*ai* APPR.. (participe d'*apprendre*) à faire.

VAUGELAS.

Quintilien, Quinte-Curce, Sixte-Quint et Charles-Quint se sont diversement IMMORTALIS-5.

118ᵉ DICTÉE.

La multitude des grands hommes en tout genre que je vous *ai* NOMM-5 et DÉSIGN-5 comme *ayant* VÉC-12 sous Louis XIV *ont* plus ILLUSTR-5 leur patrie qu'ils ne se sont ILLUSTR-5 eux-mêmes : ils *ont* D-12 être en butte à des intrigues que leurs rivaux *auront* FORM-5 contre eux, ils *auront* SUB-9 quelques injustices, ÉPROUV-5 quelques déceptions ; les calomnies des uns, les dédains des autres ne les *auront* point ÉPARGN-5, mais ils ne se sont pas LAISS-5 décourager par les obstacles qu'ils *ont* certainement RENCONTR-5 sur leur route ; et en dépit des envieux et des trames qu'*avaient* OURD-9 ces méchants, malgré les dégoûts qui les *ont* ABREUV-5, malgré les insultes, les railleries qu'ils *ont* ÉPROUV-5 ou qu'ils *ont* D-12 éprouver, ils *ont* OCCUP-5 les cent voix de la Renommée : oui, dès qu'ils les *ont* 12 SURMONT-5, tous les obstacles qu'ils *avaient* 12 à vaincre, leur renommée *a* FRANCH-9 les limites de leur patrie, et s'est ÉTEND-12 par toute la terre.

Mes neveux se sont PL-12 à Constantinople, et y *ont* SÉJOURN-5 ; je les *ai* LAISS-5 y séjourner autant qu'ils l'*ont* VOUL-12.

Ces voleurs qui s'étaient REND-12 si redoutables, et qu'on *avait* CR-12 ne point pouvoir saisir, se sont LAISS-5 surprendre hier dans des bouges où ils *étaient* ALL-5 se cacher : ils *avaient* ESPÉR-5 s'y pouvoir sous-

No 4, son È. —— No 5, son É. —— No 9, son ı. —— No 12, son ʋ

traire aux agents de la force publique, mais ils *avaient*
mal CALCUL-5, ils s'étaient TROMP-5.

V-12 de loin, ces grands éventails indous et chinois
nous *ont* PAR-12 parfaitement beaux ; mais quand nous
les *avons* CONSIDÉR-5 de plus près nous les *avons* TROUV-5
très-ordinaires, v-12 les nombreuses imperfections de
dessin que nous y *avons* REMARQU-5, imperfections que
nous *avons* REMARQU-5 dans tous, EXCEPT-5 deux ou
trois qu'on *avait* F-4 avec un soin tout particulier.

On a dit des vaisseaux que c'étaient des *maisons*
ROUL..

119ᵉ DICTÉE.

NOTA. On trouvera dans cette dictée et dans quelques-unes des suivantes de
nombreuses difficultés sur l'emploi de la majuscule (1).

Aline dit : La fable de La Fontaine INTITUL-5 : Le Rat
qui *s'est* RETIR-5 du monde, que *m'avait* DÉSIGN-5 mon
professeur, que *j'ai* 12 à apprendre hier, et que *j'ai* D-12
répéter ce matin, *m'a* PAR-12 plus difficile que : La
Génisse, la Chèvre et la Brebis en société avec le Lion ;
et dès que je *l'ai* 12 RÉPÉT-5, je m'en *suis* RÉJOU-9, je me
suis SENT-9 SOULAG-5 d'un poids fort lourd : mon professeur me *l'avait* DONN-5 en manuscrit : je *l'ai* 12 en
mains COPI-5, *m'a-t-on* ASSUR-5, par le fils même du
Fabuliste, de ce génie extraordinaire *qu'eussent* DIVINIS-5
les Anciens.

Tous les *hommes* VIV.. sont ici-bas esclaves.

RÉGNIER.

(1) Les règles nécessaires pour se rendre compte de l'emploi des
majuscules se trouvent dans : *Traité de la majuscule, de l'accent*, etc..
par madame CHARRIER-BOBLET.

No 4, son È. —— No 5, son É. —— No 9, son I. —— No 12, son U.

Les procès que j'*avais* PRÉV-12 que vous auriez *ont* MANQU-5 de vous ruiner.

Camille nous *a* PARL-5 des fleurs qu'elle *a* v-12 semer et cultiver, des horticulteurs qu'elle *a* v-12 semer et cultiver ces fleurs, de celles qu'elle *a* v-12 couper par ces horticulteurs, et qu'elle *a* v-12, coup-5 qu'elles *étaient*, se flétrir en quelques heures : elle s'est ENTRE-TEN-12 des ponts qu'elle *a* v-12 jeter sur la Saône et sur d'autres rivières ; de ceux qu'on *a* v-12 s'écrouler ; des rues que, dans l'hiver, elle *a* v-12 balayer après qu'il *avait* NEIG-5 ; des rues et des passages qu'elle *a* v-12 percer et élargir ; des maçons qu'elle *a* v-12 y élever les hôtels les plus somptueux, et les maisons les plus élégantes ; de ceux qu'elle *a* v-12 tomber des échafauds qu'on *avait* DRESS-5 pour faire ces constructions ; de tous ceux qui s'étaient LAISS-5 tomber, ou que des heurts, des chocs, des secousses ou d'autres causes imprévues *avaient* F-4 tomber : c'est ainsi qu'elle *a* CAQUET-5 toute la soirée.

Idoménée *a* F-4 de grandes fautes ; mais cherchez dans les pays les mieux POLIC-5 un roi qui n'en *ait* pas F-4 d'inexcusables.

FÉNELON. *Télémaque.*

Les grands vents qu'il *a* F-4 n'*ont* ils pas NU-9 à vos pêchers ?

120ᵉ DICTÉE.

La loi musulmane, qu'*a* DONN-5 Mahomet, *a* PAR-12 dangereuse au point de vue politique à ceux qui ne l'*ont* pas ÉTUDI-5 dans son ensemble, à cause peut-être de la pluralité des femmes qu'elle *a* ÉTABL-9 comme un de ses principes fondamentaux : les mauvais effets qui *sont*

N° 4, son È. —— N° 5, son É. —— N° 9, son I. —— N° 12, son U.

RÉSULT-5 de cette coutume, ne se sont, il est vrai, MON-
TR-5 que trop souvent ; combien de fois, en effet, on *a*
v-12 surgir entre frères des rivalités qui *ont* ENSAN-
GLANT-5 les marches du trône !

Les hommes *ont* BOULEVERS-5 la terre, ils en *ont*
CHANG-5 ou plutôt MODIFI-5 très-souvent la surface, ils
en *ont* FOUILL-5 les entrailles et ils y *ont* PUIS-5 des
ressources nouvelles pour leurs travaux et leurs besoins :
après que les objets matériels *ont été* ÉPUIS-5 ils *ont* DE-
VIN-5 les forces CACH-5 de la nature : par la puissance de
leur génie, ils les *ont* INTERROG-5, ils les *ont* EXPLIQU-5,
DÉFIN-9 et PLI-5 même à leur usage ; aussi l'imagination
la plus vive, la plus puissante *est*-elle ÉTONN-5 par les
merveilles qu'*ont* PROD.. (participe de *produire*) ces
forces : de combien de ressources précieuses ne nous
ont point ENRICH-9 la chaleur, par laquelle la vapeur *est*
PROD.. (participe de *produire*), lorsqu'on en *a* F-4 l'auxiliaire de la mécanique ; et l'électricité APPLIQU-5 aux
communications journalières que les hommes *ont* ÉTABL-9
entre eux ! quelle incroyable rapidité *a*-t-elle ÉTABL-9
dans ces communications, puisque les savants *ont* CAL-
CUL-5 que par l'électricité une distance de 460 kilomètres
est FRANCH-9 en une seconde ! que de lieues n'*a*-t-elle
donc pas FRANCH-9 en quelques minutes au moyen du
télégraphe électrique !

Je ne vous dirai point mes faiblesses et mes sottises
en RENTR.. dans Paris.

Madame de SÉVIGNÉ.

Les deux lois qu'*ont* F.. (participe de *faire*) les mem-
bres du Conseil des Cinq-Cents, et que tu *as* ENVOY-5
chercher chez ton libraire, *sont* TOMB-5 en désuétude ?
quelques légistes les *ont* D.. (participe de *dire*) ABROG-5.

No 5, son É. —— No 9, son I. —— No 12, son U.

121ᵉ DICTÉE.

Une discussion grammaticale s'était ÉLEV-5 dans l'Académie de Caen en Normandie : Urbain Domergue CONSULT-5 *a* ÉTABL-9 une règle qu'on *a* généralement ADOPT-5, et qui *a* FIX-5 toutes les indécisions : cette règle défend de se permettre aucune liaison nasale lorsqu'on peut faire une pause aux mots TERMIN-5 par N : on doit donc prononcer sans liaison une main   amie, il est mon bien   unique, du vin   aigre, un vin   exquis, etc., etc.; mais il faut faire la liaison dans : c'est mo-n-ami, un vai-n-espoir, ma bie-n-aimée, o-n-est ici comme chez soi, etc., etc., puisqu'une pause est impossible ici après mon, vain, bien, on. Nous *avons* VÉRIFI-5 cette règle, et l'*ayant* TROUV-5 judicieuse nous l'*avons* ADOPT-5 et ENSEIGN-5 : les seuls contradicteurs qu'elle *ait* 12 sont quelques normands qu'une longue habitude *avait* REND-12 incapables de se modifier, et qu'*avait* CONTRARI-5 la décision de Domergue.

Autant d'ennemis on *a* SUSCIT-5 à ce vaillant héros, autant il en *a* VAINC-12 :

L'affaire paraissait plus sérieuse qu'on ne l'*avait* PENS-5 d'abord.

VERTOT.

Les prunes de reine-Claude que mon frère m'a EN-VOY-5, qu'on *a* CUEILL-9 exprès pour moi au moment où la voiture de provisions partait, je les *ai* REÇ-12 GÂT-5; je ne les *ai* 12 que GÂT-5.

Elle *a* FERM-5 tout doucement la fenêtre, et s'*est* ALL-5 mettre sur le lit; là elle s'est PR.. (participe de *prendre*) à pleurer amèrement.

MOLIÈRE.

Nº 5, son É. — Nº 9, son I. — Nº 12, son U.

La *mer* MUGISS.. ressemblait à une personne qui, *ayant* été longtemps IRRIT-5, n'a plus qu'un reste de trouble.

FÉNELON. Télémaque.

Ils se sont R-9 de nos projets.

VOLTAIRE.

Quelque belles que tu *aies* TROUV-5 les deux cavatines que tu *as* ENTEND-12 chanter hier au soir, elles t'*auraient* PL-12 davantage encore si tu les *avais* ENTEND-12 chanter par la cantatrice qui *a* DÉBUT-5 avant-hier : je l'*ai* ENTEND-12, moi, les chanter, cette intéressante artiste, et j'en *ai été* RAV-9 (dit Sara); et tous ceux qui *ont* ENTEND-12 sa voix en *ont été*, comme moi, RAV-9, ENCHANT-5, ÉMERVEILL-5.

122ᵉ DICTÉE.

Madame, je vous *suis* entièrement DÉVOU-5 (dit une femme); je suis tout à vous et tout aux vôtres pour lesquels j'*ai* CONÇ-12 l'estime la plus grande et l'affection la plus sincère; aussi, je vous l'affirme, quels que fussent les amis que mon neveu Raoul se *fût* CHOIS-9 à l'École de Droit, il n'*eût* P-12 en prendre de meilleurs ni de plus sûrs, et surtout qui fussent plus selon mon goût, que vos aimables fils, quelque étourdis que vous vous *soyez* PL-12 à les dire : c'est une affection réelle que ces jeunes gens se sont mutuellement VOU-5; et quoique quelques envieux *aient* CHERCH-5 à rompre cette union, et se soient COMPL-12 à inventer des calomnies, cette liaison FOND-5 sur l'estime *a* RÉSIST-5 à toutes ces attaques qui se sont RENOUVEL-5 souvent et se sont SUCCÉD-5 presque sans interruption pendant des mois entiers : ma sœur s'est ESTIM-5 très-heureuse en apprenant que, parmi tous ses nouveaux condisciples, son fils s'était CHOIS-9 les vôtres pour amis intimes; et pour moi, je

N° 4, son È. —— N° 5, son É. —— N° 9, son I. —— N° 12, son v.

me suis TROUV-5 tout aise qu'elle m'*ait* CHARG-5 d'être
son interprète auprès de vous.

Quels étaient les hommes qu'on *a* LAISS-5 égorger
le deux et le trois Septembre, et par qui les *a*-t-on
LAISS-5 égorger? par des fanatiques. Ceux qui gouvernaient alors la France *eussent* P-12 sans doute empêcher
ces massacres, mais ils les *ont* LAISS-5 s'accomplir; je
dirai plus : ceux qu'on *a* LAISS-5 égorger les prisonniers
se sont V-12 SOUTEN-12 par ceux-là même qui *auraient*
D-12 les punir.

Il est certain que les jeunes métromanes se sont PER-
SUAD-5 que la rime dispense de la raison.

LA HARPE.

Ils se sont PERSUAD-5 que cela leur suffit.

BUFFON, cité par BESCHER.

Il s'est F-4 de jolies parties de plaisir dans les beaux
jours qu'il y *a* 12, que nous *avons* 12 en Mai.

Dans ces *prés* JAUNISS.. tu vois la fleur languir;
Tu vois dans ces forêts le cèdre au front superbe
Sous le poids de ses ans tomber...

123ᵉ DICTÉE.

Quelle que fût la légèreté qu'on *a* REPROCH-5 avec
raison à ces jeunes gens, et quelque imprudents qu'ils
se soient MONTR-5 lorsqu'ils ne faisaient que quitter les
bancs du collége, ils se sont AMEND-5 d'eux-mêmes
en devenant hommes, leurs seules réflexions leur *ont*
SUFF-9; le jour où nous les *avons* RENCONTR-5 chez
leur oncle, je les *ai* TROUV-5 tout EMBARRASS-5, tout
confus, lorsqu'ils nous *ont* ENTEND-12 blâmer hautement

N° 4, son È. —— N° 5, son É. —— N° 9, son I, —— N° 12, son U.

dans quelques-uns de leurs jeunes condisciples la conduite qu'ils *avaient* TEN-12 naguère, les écarts par
lesquels ils s'étaient F-4 rejeter quelque temps de la bonne
compagnie : mais les égards que nous leur *avons* TÉ-
MOIGN-5 leur *ont* MONTR-5 que nous n'*avions* VOUL-12
faire aucune allusion qui eût rapport à eux.

Les querelles qu'il y *a* 12 entre ces petits écoliers se
sont difficilement APAIS-5, vous vous en êtes bien
APERÇ-12, Messieurs, aux cris aigus qu'ils *ont* POUSS-5
pendant une demi-heure.

C'en *est* F-4, j'*ai* PARL-5 vous *êtes* OBÉ-9 ;
Vous n'avez plus, Madame, à craindre pour ma vie.

RACINE.

A force de nous être EXERC-5 sur les deux règles des
participes dont on *a* TROUV-5 ci-INCL.. (participe d'*inclure*) la formule, nous nous les sommes REND-12
familières; nous nous sommes également REND-12 fami-
liers tous les principes que vous nous *avez* DONN-5, et
que nous vous *avons* V-12, Messieurs, professer constamment.

Une femme dit :
Laisse-moi respirer, du moins, si tu m'*as* PL.. (participe
[de *plaindre*). CORNEILLE.

Nous n'*avons* pas OS-5 seulement nous approcher de
ces hommes abjects, et nous *avons* FU-9 leur contact, il
nous *aurait* SOUILL-5; nous les *avons* FU-9 encore dans
le but de n'être point en butte à leurs sarcasmes.

Quelles chimères ces messieurs ne se sont-ils pas
IMAGIN-5? Ne se sont-ils pas IMAGIN-5 que leurs sœurs
s'étaient PROPOS-5 de leur nuire?

N° 5, son É. —— N° 9, son I. —— N° 12, son U.

Ce sont les meilleures gens que j'*aie* jamais v–12.

C'est là qu'on voit errer les taureaux qui mugissent, les brebis qui bêlent, avec leurs tendres *agneaux* BON-DISS.. sur l'herbe.

FÉNELON. Télémaque.

Ayez plus d'exactitude que vous n'en *avez* 12 dans l'édition de Jules César.

124ᵉ DICTÉE.

La cantatrice que j'*ai* v–12 débuter la semaine der-nière, à l'Opéra-Italien, je l'*ai* ENTEND–12 avec le plus grand plaisir chanter sa cavatine, aussi l'*ai*-je ENTEND–12 applaudir par tous ceux dont quelques préventions in-justes n'*avaient* point FAUSS–5 le jugement; et lorsque nous nous sommes EXPLIQU–5 avec nos amis au sujet de cette débutante, ni eux ni moi nous ne nous sommes EXPLIQU–5 ni l'obscurité et l'oubli dans lesquels on l'*avait* LAISS–5 vivre jusqu'à ce jour, ni pourquoi tant de gens s'étaient ACHARN–5 après elle, et s'étaient COMPL–12 à décrier son beau talent, ni comment ses détracteurs *avaient été* CR–12 sur parole, et *avaient* RÉUSS–9 à éloi-gner d'elle la faveur du public : quant à moi, je n'ai aucun reproche à me faire à son égard, je lui *ai* tou-jours REND–12 la justice que j'*ai* D–12, je lui *ai* même REND–12 tous les services que j'*ai* P–12.

Vous trouverez ci-J.. (participe de *joindre*) une copie de ma lettre.

D'OLIVET.

Il (Charlemagne) meurt, son colosse d'empire
En *lambeaux* VIV.. se déchire.

DE LAMARTINE. Harmonies.

Nº 4, son É. —— Nº 5, son É. —— Nº 9, son I. —— Nº 12, son U.

Les mouches que *j'avais* OBSERV-5 *étaient* toutes DIS-TINGU-5 les unes des autres par leurs couleurs, leurs formes et leurs allures; il y en avait de DOR-5, d'AR-GENT-5, de BRONZ-5, de TIGR-5, de RAY-5. Les unes avaient la tête ARROND-9 comme un turban, d'autres avaient la tête ALLONG-5 en pointe de clou.

Bernardin de SAINT-PIERRE. Harmonies.

Le glaive *a* bien TU-5 des hommes,
La langue en *a* TU-5 bien plus.

Avant de présenter l'histoire de l'établissement des Communes, il nous faut dire quelles transformations *avait* SUB-9 le gouvernement intérieur des villes sous les rois des deux premières races.

CAYX. Histoire de France.

Ces enfants *ont* PAR-12 AGIT-5 dans leur sommeil.

Ils se sont F-4 plus grands que vous n'*avez* CR-12.

125ᵉ DICTÉE.

Les jours DONN-5 aux dieux ne *sont* jamais PERD-12.

LA FONTAINE. Les Filles de Minée.

Tous les périls que vous *avez* COUR-12 n'*auraient*-ils ABOUT-9 qu'à vous rendre pusillanimes, mes chers enfants? tous les biens que vous en *avez* RETIR-5 au-raient-ils PASS-5 presque inaperçus pour vous? les *avez*-vous RÉCAPITUL-5, ces biens? Après *avoir* QUITT-5 votre patrie, IGNOR.., pour ainsi dire, de toutes les choses de la vie, après vous en être ALL-5 d'ici REMPL-9 de préjugés et d'idées fausses, vous vous en êtes REVEN-12 l'esprit ORN-5 d'une foule de connaissances, la mémoire ENRICH-9 d'une multitude de souvenirs, l'imagination RÉCRÉ-5,

N° 4, son È. —— N° 5, son É. —— N° 9, son I. —— N° 12, son U.

RÉCHAUFF-5, RANIM-5 même par la vue de tant d'objets divers.

Telle, à l'aspect du loup, terreur des champs voisins,
Fuit d'agneaux EFFRAY-5 une troupe BÊL...

BOILEAU.

Ou-9 la requête qu'*a* PRÉSENT-5 Me Armand, et dont vous trouverez ci-INCL.. (participe d'*inclure*) copie LÉGA-LIS-5, la Cour *a* DÉCID-5 que, EXCEPT-5 de la règle commune, et V-12 les circonstances, cette jeune personne doit *être* ÉMANCIP-5.

La langue qu'*ont* PARL-5 nos pères *a* beaucoup CHANG-5.

Il paraît en effet digne de vos bontés,
Il mérite surtout les pleurs qu'il m'*a* COÛT-5.

VOLTAIRE.

Toutes les nations que vous *avez* CRÉ-5 viendront vous adorer, Seigneur !

Louis-le-Grand *a* F-4 plus d'exploits que d'autres n'*en ont* L-12.

Que d'ébats Charles s'est DONN-5 dans les six semaines de repos qu'il *a* 12 ! comme il en *a* JOU-9 de ses vacances ! comme il *a* bien EMPLOY-5 les beaux jours qu'il y *a* 12 cet automne ! mais ces beaux jours qu'il *a* 12, et dont il *a* largement US-5, lui *ont* SEMBL-5 passer bien vite !

126e DICTÉE.

Deux gentilshommes bretons de mes amis, grands amateurs des beaux-arts, de la sculpture particulièrement, *ont* ACHET-5 dans leurs voyages les plus remarquables des travaux de deux célèbres italiens, ils les *ont*

7.

J.. (participe de *joindre*) à une statue de Diane chasse-
resse qu'*ont* PROD.. (participe de *produire*) jadis le génie
et le ciseau d'une femme, sculpteur habile, quoique
simple amateur, qu'ils *avaient* P-12 se procurer, et ils
vous les *ont* ADRESS-5; vous les trouverez dans les caisses
n°s 1 et 2 : ci-J.. (participe de *joindre*) sont trois bas-
reliefs MOUL-5 sur les chefs-d'œuvre qui décorent la
frise du Parthénon : ces admirables objets d'art *ont*
COÛT-5 bien cher à nos amis, ils leur *ont* COÛT-5 vingt
mille, ou vingt mille cinq cents francs; mais, amateurs
et riches, ils se sont LAISS-5 entraîner à cette dépense
par la perfection rare des œuvres qu'ils *ont* TROUV-5 à
acheter, et je pense que lorsqu'ils les *auront* P-12 con-
templer à loisir, ils ne regretteront point les sommes que
ces merveilles leur *ont* COÛT-5.

Il s'est PASS-5 des évènements bien tristes, il *est* ARRIV-5
des malheurs bien déplorables pendant les dix jours
qu'*ont* DUR-5 les inondations du Rhône : que de maux
elles nous *ont* F-4! sans compter ceux que nous *avaient*
CAUS-5 l'année dernière tant d'affreux incendies qui se
sont MANIFEST-5 à plusieurs reprises dans nos parages,
et qui s'y sont SUCCÉD-5 : tous ces désastres nous *ont* NU-9.
à nous, et combien de gens n'*ont*-ils pas RUIN-5!

> Quelle *Jérusalem* nouvelle
> Sort du fond des déserts BRILL.. de clartés!
>
> RACINE. *Athalie*.

Avez-VOUS MANG-5 de ces fraises? = Oui, j'en *ai*
MANG-5; et plus j'en *ai* MANG-5, plus je les *ai* TROUV-5
bonnes.

Quelque fortes et inexpugnables que nous *aient* autrefois PAR-12 les citadelles qu'on *a* COMMENC-5 à attaquer,

No 4, son â. —— . No 5, son é. —— No 9, son ı. —— No 12, son u.

et que vous *avez* v–12 attaquer impétueusement par nos intrépides guerriers, elles n'*ont* résist-5 que quelques jours ; elles *ont* d-12 céder à leur valeur, elles y *ont* céd-5. La garnison *est* sort-9 cependant avec les honneurs de la guerre ; tambour battant, mèche allum-5.

Que de sottises nous *avons* entend-12 débiter par une bohémienne ! elle *a* parl-5 à tort et à travers d'astres, de corps ignés, de gnomes, etc. : nous l'*avons* laiss-5 parler à son aise, nous nous en sommes all-5 ; nous *sommes* reven-12 au gîte ; et voilà quelle *a* ét-5 la belle partie de plaisir que nous *avons* 12.

127ᵉ DICTÉE.

O Fabricius ! Qu'*eût* pens-5 votre grande âme, si, pour votre malheur rappel-5 à la vie, vous *eussiez* v-12 la face pompeuse de cette Rome sauv-5 par votre bras, et que votre nom respectable *avait* plus illustr-5 que toutes ses conquêtes ? Dieux ! *eussiez*-vous d-9, que *sont* deven-12 ces toits de chaume et ces foyers rustiques qu'*ont* habit-5 jadis la modération et la vertu ? Quelle splendeur funeste *a* succéd-5 à la simplicité romaine ! Quelles sont ces mœurs efféminées ? Insensés ! Qu'*avez*-vous f-4 ? Vous, les maîtres des nations, vous vous êtes rend-12 les esclaves des hommes frivoles que vous *avez* vainc-12 !

J.-J. Rousseau.

Dès que les peuples héroïques qui *avaient* domin-5 le monde, dès que les Grecs, les Romains, et cætera, *ont* abandonn-5 ou laiss-5 s'avilir leur religion, *ont* modifi-5 leurs usages, et corromp-12 leurs mœurs, tous les fléaux *sont* accour-12, *ont* fond-12, se sont déchaîn-5 sur eux, et toute leur gloire pass-5 s'est évanou-9.

No 5, son É.   —   No 9, son I.   —   No 12, son U.

La belle Iris *est* N-5, qui l'*aurait* CR-12, tout près des Palus-Méotides; si Achille l'*eût* V-12 dans l'île de Lesbos il l'*eût* PRÉFÉR-5 à Briséis qu'il *eût* alors ABANDONN-5 sans peine, sa querelle avec Agamemnon *eût* instantanément CESS-5, et Troie *eût* SUCCOMB-5 sans doute dès les premières attaques qu'elle *eût* ÉPROUV-5.

Nous *avons* JOU-5 au piquet, mon père et moi; de trois as qu'il m'*avait* DONN-5, j'en *ai* ÉCART-5 deux; néanmoins j'*ai* GAGN-5.

Quelle que soit la chose qu'on m'*ait* CONFI-5 sous le sceau du secret, je ne l'*ai* jamais RÉPÉT-5. Quelque chose qu'on m'*ait* RACONT-5, je ne l'*ai* jamais DIVULGU-5.

Quelque-chose qu'un vénitien nous *a* RACONT-5 nous *a* étónnamment AMUS-5.

Les grands *pins*, GÉMISS.. sous les coups des haches, tombent en ROUL.. du haut des montagnes.

FÉNELON. Télémaque.

128ᵉ DICTÉE.

On *a* CÉLÉBR-5 Dimanche dernier à Beaujeu, avec la pompe la plus solennelle, la fête du Très-Saint-Sacrement : toutes les rues *étaient* JONCH-5 de fleurs, toutes les murailles *étaient* ORN-5 des tapisseries les plus riches et les plus précieuses, (toutes, EXCEPT-5 celles que couvraient des draps d'une éblouissante blancheur), et DÉCOR-5 d'élégantes guirlandes de bluets, de coquelicots, d'asters ou pâquerettes, de liserons, etc.; et PARSEM-5 des fleurs les plus fraîches : pieds-d'alouettes, roses, lis, etc. : les encensoirs FUM.. *avaient* EMBAUM-5 les airs PARFUM-5 déjà par les feuilles de roses fraîches ÉCL.. (participe d'*éclore*) qu'*avaient* JET-5 avec profusion de-

No 5, son É. ——— No 9, son I. ——— No 12, son U.

vant le Saint-Sacrement les mains innocentes d'enfants vêt-12 de lin. Cette belle, et pieuse, et touchante cérémonie a sembl-5 aux spectateurs et aux spectatrices catholiques qu'elle a 12 une manifestation réparatrice pour les nombreuses profanations qu'a sub-9 Notre-Seigneur dans le sacrement de son amour, tous ceux qui l'*ont* v-12 en ont jug-5 ainsi; et lorsque la procession a défil-5 majestueusement, les témoignages non équivoques de respect qu'a donn-5 la foule des assistants, les marques de vénération et d'amour qu'elle a prodigu-5, et qui se sont succéd-5, *ont* témoign-5 des sentiments dont elle *était* anim-5.

Combien y a-t-il 12, combien a-t-on compt-5 d'évêques et d'archevêques qui, dans les temps de la primitive église, s'ét.. v-12 élever à l'épiscopat, à l'archiépiscopat, s'ét.. même sanctifi-5 par d'éminentes vertus, se sont v-12 chasser ignominieusement de leurs sièges, se sont v-12 calomni-5, martyris-5 même : combien de patriarches n'a-t-on pas v-12 s'élever de la même manière, et qui se sont v-12 enlever également leurs patriarchats !

Que *vous* êtes bruy.., mes amis! et que vos courses, vos cris, vos *jeux* sont donc assourdiss..! est-ce que vous *vous* amusez plus en cour.. et en jet.. de grands éclats de voix qu'en lis.. quelque joli conte, ou en jou.. d'une manière paisible? Sachez donc vous modérer : la modération, c'est la sagesse.

129ᵉ DICTÉE.

Les diverses révolutions qu'il y a 12 sur notre globe, tant celles qui se sont succéd-5 avant la période historique, que celles qu'*ont* v-12 ou qu'*ont* p-12 voir les premiers hommes qui *ont* exist-5, ces révolutions de la

No 4, son È. —— No 5, son È. —— No 9, son I. —— No 12, son U.
No 30, son R.

nature, dis-je, *ont* INSPIR-5 une sorte de terreur aux plus sages, à ceux-là même par qui elles devaient *être* CONSIDÉR-5 uniquement comme des preuves de l'infinie puissance du Très-Haut : oui, c'est la main seule de Dieu, la main d'un créateur, d'un organisateur tout-puissant qui s'est RÉVÉL-5 dans les grands bouleversements de la nature; mais c'est la main du Tout-Puissant aussi qui, pour la châtier, *a* FRAPP-5 la France pendant la grande Révolution. Que de douleurs, que d'angoisses *ont* alors FRAPP-5 et DÉCHIR-5 toutes les âmes! Certes, les trois années qu'*a* DUR-5 la Terreur *ont* PAR-12 ou D-12 paraître trois siècles à tant d'infortunés que ceux qui gouvernaient alors *ont* FRAPP-5, ou qu'ils *ont* LAISS-5 frapper dans ce qui leur était le plus cher !

C'est un instinct commun à tous les *êtres* sensibles et SOUFFR.. de se réfugier dans les lieux les plus sauvages et les plus déserts.

Que d'affronts j'*ai* V-12 essuyer par ceux-là qui, M-12 par l'ambition seule, s'étaient IMMISC-5 dans une société autre que la leur, qui s'y étaient F-4 présenter, et qui s'étaient COMPL-12 dans la fréquentation de gens qu'ils *auraient* D-12 éviter, de gens qu'ils *avaient* CR-12 pouvoir leur être utiles, et qu'ils *avaient* CULTIV-5 dans ce but autant qu'ils l'*avaient* P-12, tandis qu'ils *avaient* NÉGLIG-5 de voir leurs amis les plus sûrs, leurs parents même; gens qui, loin de s'occuper d'eux les *avaient* DES-SERV-9, leur *avaient* NU-9, et les *avaient* ÉLOIGN-5 après leur *avoir* F-4 subir maints et maints dégoûts : ils *ont* bien SOUFFE-30, eux qui s'étaient ATTEND-12 à tout autre chose.

Les grands vents qu'il *a* F-4 *ont* DÉRACIN-5 deux arbres,

et F-4 tomber toutes nos prunes ; j'en *ai* v-12 plus de cinq cents joncher la terre.

130ᵉ DICTÉE.

L'histoire de la réformatrice Catherine Iʳᵉ, que j'*ai* L-12 à mon père et à ma mère, nous *a* fort INTÉRESS-5, et nous *a* INSTRU-9 de beaucoup d'usages des pays sur lesquels s'est ÉTEND-12 l'influence de la czarine : quelle multitude d'améliorations *ont* OPÉR-5 Pierre Iᵉʳ et Catherine dans la contrée que le Ciel *avait* CONFI-5 à leurs soins, et que cependant ils n'*ont* ADMINISTR-5, sur laquelle, veux-je dire, ils n'*ont* RÉGN-5 qu'assez peu de temps ! Quelle gloire, que d'honneurs aussi leur *a* VAL-12 le bien incontestable qu'ils *ont* F-4 ! et qu'il leur en *a* COÛT-5 pour les acquérir, ces honneurs et cette gloire ! —Avouons-le, cependant, ces mêmes réformes, qui v-12 de loin paraissent bonnes, indispensables, *sont* souvent TROUV-5 inutiles, dangereuses même v-12 de près, v-12 les inconvénients qui en peuvent résulter, et auxquels n'*ont* pas SONG-5 d'abord ceux qui les *ont* ÉTABL-9.

Le peu de troupes qu'il *a* RASSEMBL-5 *ont* TEN-12 ferme dans leur poste, qui était bien loin d'*être* REGARD-5 par elles comme inexpugnable ; et elles s'y sont COUV.. (participe de *couvrir*) de gloire : la soumission, la discipline de ces troupes s'est TROUV-5 PORT-5 au plus haut point.

Nous n'*avons* point RÉUSS-9 dans nos entreprises, quelles que fussent l'activité et la prudence que nous *ayons* 12 ; quelque sages que fussent nos projets ils *ont* AVORT-5 : les circonstances qui nous *avaient* SEMBL-5 nous sourire se sont toutes TOURN-5 contre nous : des obstacles imprévus se sont PRÉSENT-5, et *ont* SUCCÉD-5 à d'autres

N° 5, son É. —— N° 9, son I. —— N° 12, son U.

obstacles que nous n'*avions* pas PRÉV-12 davantage, que
nous n'*avions* pas PRÉV-12 devoir nous arrêter ; à peine
les *avons*-nous 12 SURMONT-5 qu'il s'en est PRÉSENT-5 de
nouveaux : ils nous *ont* TROUV-5 DISPOS-5 à les vaincre ;
nous nous en sommes SOUR-9, nous nous en sommes
MOQU-5, nous en *avons* TRIOMPH-5 d'abord quelques jours,
quelques mois même; mais quand nous les *avons* CR-12
VAINC-12 tous, ils se sont RENOUVEL-5 plus insurmonta-
bles que jamais, et nous *ont* FORC-5 de renoncer aux
plans que nous *avions* FORM-5.

Ils sont CHARM.. ces enfants que nous voyons JOU.,
avec ces petits *agneaux* BÊL.., ces *cabris* vifs et BON-
DISS.., et ces *chèvres* GRIMP..; mais je crains bien qu'en
GRAVISS.. les coteaux et les collines, en y POURSUIV.. ces
animaux légers et capricieux, les malheureux *enfants* ne
tombent et ne se blessent.

131ᵉ DICTÉE.

Un horrible incendie s'est DÉCLAR-5 il y a quelque huit
jours dans la raffinerie de Charles D***. Une demi-
heure à peine s'était ÉCOUL-5 depuis que la première
étincelle *avait* LU-9 que déjà son usine était toute en
feu : les flammes s'étaient CRÉ-5 partout des passages,
et il n'y avait plus une issue qui ne *fût* OBSTRU-5 par
des tourbillons de fumée ; les pompiers que des raffi-
neurs *avaient* ÉT-5 chercher se sont HÂT-5 d'accourir, et
cependant ils ne se sont REND-12 maîtres du feu qu'après
trois heures et demie d'efforts incessants.

La gloire de nos armes *a* RETENT-9 jusque dans les
Indes, jusque dans les régions hyperboréennes ou aus-
trales même; le souvenir des hauts faits par lesquels se

sont ILLUSTR-5 nos soldats *est* GRAV-5 dans toutes les mémoires : la renommée en *a* REMPL-9 la terre.

L'orange que j'*ai* MANG-5 hier était meilleure que celle dont Marie et moi *avons* MANG-5 aujourd'hui.

Nous *avons* SIFFL-5 tous les faiseurs de calembours, de rébus et de pointes ; les gens de bon sens se sont EM-PRESS-5 de faire chorus : mais mes sœurs s'étaient ENGAG-5 à ne rien dire : elles nous *ont* TEN-12 parole, elles se sont T-12 ; et les parleurs prétentieux se sont CR-12 APPLAUD-9 par elles.

Si les leçons d'équitation qu'on m'*a* DONN-5 ne m'*ont* pas PROFIT-5, le peu de' dispositions que j'y *ai* APPORT-5 en est-il la seule cause ?

Que *sont* DEVEN-12 les esturgeons qu'on *a* PÊCH-5 cette semaine ? Vous en *a*-t-on SERV-9 ? en *avez*-vous MANG-5 ? — Hier, on nous en *a* APPRÊT-5 deux : lorsque nous les *avons* 12 presque entièrement MANG-5 nous nous sommes SENT-9 suffoquer ; nous *avons été* SECOUR-12 heureusement par deux médecins qu'on *a* ENVOY-5 chercher dès qu'on nous *a* V-12 perdre connaissance, et qui *sont* ACCOUR-12 en toute hâte.

132ᵉ DICTÉE.

Quelques peines que se soient DONN-5 ces deux intrigants pour nous brouiller, Ernest et moi, quelques trames qu'ils *aient* OURD-9, quelque bien OURD-9 qu'*aient été* ces trames, et quoique en INTRIGU.. comme ils l'*ont* F-4 ils se soient F-4 des partisans, ils se sont V-12 déconcerter au moment où ils s'y étaient le moins ATTEN-D-12 : vous vous êtes ENTEND-12, je crois, raconter quelles ont été ces trames, par ceux avec qui vous *avez* DÎN-5 chez moi; ils s'étaient ENTEND-12 pour vous les divulguer.

Mais pour mieux réussir, il est bon, ce me semble,
Qu'on ne vous trouve point tous *deux* PARL.. ensemble.

MOLIÈRE.

Quelques sommes que tu *aies* 12 à payer, nous *avons* S-12 que tu les *as* PAY-5 aux termes ÉCH-12.

La suprématie que vous *aviez* USURP-5, vous ne l'*avez* pas CONSERV-5; vous vous l'êtes LAISS-5 arracher par ceux-là mêmes qui s'étaient solennellement ENGAG-5 à la défendre à leurs risques et périls.

Avez-vous 12 les contrariétés que j'*avais* PRÉV-12 que vous auriez? les contrariétés que j'*avais* CR.. (participe de *craindre*) pour vous?

On nous *a* OFFE-30 à Marseille des emplois qu'on *a* PRÉTEND-12 que nous devions accepter, et l'on nous *a* PROPOS-5 de partir immédiatement; nous objections la peine qu'il nous en *avait* déjà COÛT-5 l'année précédente pour nous déplacer, mais on nous *a* CONSEILL-5 de ne point faire d'objections : nous nous serions REND-12 à cet avis, et *serions* PART-9 comme on nous l'*avait* CONSEILL-5, sans une circonstance heureuse qui s'est PRÉSENT-5; d'autres emplois *sont* VEN-12 à vaquer ici, nous nous sommes PROPOS-5, et nous *avons été* AGRÉ-5 à l'instant même, ce qui nous *a* fort ARRANG-5.

133ᵉ DICTÉE.

Mon frère et moi nous *avons* L-12 cet automne l'histoire de la Révolution; je pourrais même dire que nous l'*avons* ÉTUDI-5, car nous *avons* APPORT-5 à cette lecture

N° 4, son É. —— N° 5, son E. —— N° 9, son I. —— N° 12, son U.

une attention SOUTEN-12 : mais, bon Dieu, que d'atro-
cités nous *ont* PASS-5 sous les yeux! que de forfaits
inouïs se sont EXÉCUT-5 dans les quelques années qu'*a*
DUR-5 la Terreur! que de crimes *ont* SOUILL-5 nos
annales dans ces jours néfastes! que d'infortunes se
sont SUCCÉD-5 pour nos malheureux aïeuls! eux qui
s'étaient FLATT-5 peut-être de mener une vie calme et
douce; eux qui s'étaient PERSUAD-5 sans doute qu'ils
jouiraient en paix de tous les avantages qu'*avait* PRODU-9
pour la France la sage administration de Colbert, ce
grand ministre du grand Roi; eux qui s'étaient PL-12 à
croire qu'ils lègueraient à leurs fils une honnête aisance,
qui s'étaient ATTEND-12 à les voir jouir des douceurs
d'un règne paisible, ATTEND-12 les soins qu'ils s'étaient
DONN-5 pour établir et consolider leur fortune! aussi
combien leur *ont* DÉPL-12, combien les *ont* CHAGRIN-5
tous les bouleversements qui *ont* SIGNAL-5 cette malheureuse époque, et combien ils *ont* INFLU-5 sur leur
fortune, et par conséquent nous *ont* NU-9!

Mais parmi tous les maux qu'*a* CAUS-5 la Révolution,
les pertes matérielles ne sont pas, certes, les plus déplorables; la démoralisation, l'esprit d'indépendance et de
révolte, l'oubli de tous les devoirs religieux et sociaux
qui s'en sont SUIV-9, voilà surtout ce qui doit nous
inspirer de l'horreur. Que d'intrigants *ont* TREMP-5 dans
des machinations infernales! que de malheureux *ont*
SOUILL-5 leurs mains du sang de leurs compatriotes! que
d'hommes ÉGAR-5 *ont* MÉCONN-12 la vraie religion, *ont*
ABANDONN-5 Dieu pour suivre une religion qu'ils s'étaient
CRÉ-5, honorer des dieux qu'ils s'étaient F-4, et se sont
ensuite CR-12 dignes de louanges lorsque, après *avoir*
ERR-5 longtemps, après *avoir*, pour quelques-uns,
POUSS-5 la folie jusqu'à nier Dieu lui-même, ils re-

N° 5, son é. —— N° 9, son i. —— N° 12, son u. —— N° 17, son in.

venaient à reconnaître l'existence de l'Être-Suprême. Qu'ils étaient à plaindre, et que je les *ai* PL–17 ! Heureux ceux qui se seront sincèrement REPENT–9 !

Les *Maures* DESCEND.. de leurs montagnes parcouraient et pillaient l'Afrique.

DE SÉGUR.

134ᵉ DICTÉE.

Quels sont les pays septentrionaux ou méridionaux, orientaux ou occidentaux; quels sont les lieux, fussent-ils sous les ciels les plus glacials ou sous les *zones* les plus BRÛL.., que n'*aient* point VISIT–5 les Français : curieux, savants, ou hommes de guerre? Quelles sont les mers lointaines qu'ils n'*aient* point FRANCH–9, les déserts arides qu'ils n'*aient* point PARCOUR–12? et nos glorieuses armées, où n'*ont*–elles point PÉNÉTR–5, dans les guerres continuelles qu'*a* ENTREPR.. (participe d'*entreprendre*) la République comme l'Empire? Napoléon, et les autres généraux qui les *ont* COMMAND–5, nos héroïques aïeuls, ne les *ont*–ils pas MEN–5 poursuivre la victoire et dans les sables libyens, dans ces terres qu'*a* DÉSOL–5 et RONG–5 le soleil brûlant de l'Afrique; puis dans la Syrie, et sous les ciels de feu des états papals et de l'ancienne Hespérie; enfin, jusqu'aux régions hyperborées, ces régions GLAC–5 où les vents du Nord *ont* toujours SOUFFL–5. Le Caire, Rome et Moscou les *ont* v–12 franchir leurs murs, aussi bien que Berlin, Vienne et Madrid : infatigable lui-même, Napoléon ne les *a* pas LAISS–5 se reposer un instant, ses armées victorieuses! tant qu'elles lui *ont* PAR–12 vouloir lui obéir, tant qu'il les *a* CR–12 DISPOS–5 à suivre son impulsion, il les *a* ENVOY–5 cueillir de nouveaux lauriers, ou plutôt il les *a* MEN–5 vaincre les ennemis qu'il s'était CRÉ–5 ; aussi pendant quinze ans les guerres *ont* SUCCÉD–5 aux guerres,

N° 5, son É. —— N° 9, son I. —— N° 12, son U.

des combats le plus souvent glorieux mais quelquefois
fatals se sont SUCCÉD-5 sans interruption presque : CON-
DU-9 par le grand homme qui les *avait* comme FASCIN-5,
nos soldats se sont JOU-5, se sont R-9 des plus grands
périls, et les *ont* AFFRONT-5 gaîment : MANQU.. de tout,
ils *ont* CR-12 jouir de l'abondance; par leurs BRILL..
exploits ils *ont* ENNOBL-9 leur patrie, ils l'*ont* même
DOT-5 : nos musées, en effet, se sont V-12 enrichir par
nos armes d'une multitude de chefs-d'œuvre qu'*avaient*
PRODU-9 la sculpture et la peinture, et qu'*avaient* ENLEV-5
nos troupes victorieuses dans les différentes villes que
leurs armes nous *avaient* ASSUJETT-9, qui *sont* VEN-12
éblouir nos yeux, que nos aïeux n'*avaient* point CONN-12,
que nos aïeuls, nos pères et nous, nous *avons*, chez
nous-mêmes, ADMIR-5, REMPL-9 d'un noble orgueil;
mais que nous avons la douleur de n'y point montrer à
nos fils.

135ᵉ DICTÉE.

Nobles et généreux savants, l'orgueil de notre belle
patrie, l'Ourse vous *a* V-12 franchir les mers hyperboréennes, et les *vents* BRÛL.. du midi n'*ont* P-12 ralentir
votre course : vous vous êtes VOU-5 entièrement à la
science, vous lui *avez* CONSACR-5 toute votre existence;
vous vous êtes COMPL-12 dans les peines et les fatigues
que vous *a* IMPOS-5 la noble tâche que vous *aviez* EN-
TREPR . (participe d'*entreprendre*), et vous *avez* RÉUSS-9
au gré de vos désirs; aussi pendant que la *hache* révo-
lutionnaire, ROUGISS.. le sol de notre belle patrie, nous
avait REND-12 muets de terreur, et *avait* SEMBL-5 nous
annuler tous, *vous*, GRANDISS.. encore s'il est possible,
VOUS *avez* CONTINU-5 vos nobles et INTÉRESS.. *travaux*:
VOUS *avez* INTERROG-5 la nature elle-même, vous *avez*
enfin RECONN-12 les révolutions qui se sont SUCCÉD-5 sur

la surface de notre globe aux traces incontestables qu'elles y *ont* LAISS-5; vous ne vous êtes point LAISS-5 égarer par les déclamations des ignorants; vous *avez* TROUV-5 dans les vestiges nombreux que nous *a* LÉGU-5 le temps la marque incontestable du doigt du Tout-Puissant IMPRIM-5 à chaque page du grand livre de la nature. Combien peu de prétendus philosophes *ont* S-12 l'y voir, combien peu l'y *ont* RÉCONN-12! combien peu *sont* ENTR-5 dans la voie de la vérité! combien n'en *a*-t-on pas V-12, ÉGAR-5 par l'orgueil, méconnaître la main de l'Ouvrier même dans la contemplation de son œuvre admirable!

La Villa-Adriana *a* FOURN-9 quelques restes précieux de peinture, le peu d'arabesques que j'y *ai* V-12 est d'un dessin aussi délicat que pur.

CHATEAUBRIAND. *Voyage en Italie.*

Après s'être TEN-12 des *propos* OUTRAGE.. et s'être essentiellement MANQU-5, ces deux jeunes maréchaux-des-logis se sont APPEL-5 sur le terrain : ils se sont DÉFI-5, ils se sont BATT-12 au pistolet, ils s'en sont TIR-5 deux coups chacun; ils se sont TIR-5 le second à la tête sans s'être BAND-5 les yeux, et ils se sont MANQU-5; alors ils se sont RAPPROCH-5, se sont PARL-5, se sont AVOU-5 leurs torts réciproques, et se sont RÉCONCILI-5 : enfin, après s'être AVOU-5 coupables et s'être PARDONN-5, ils *ont* DÉ-JEUN-5 ensemble et *sont* RETOURN-5 au quartier bras dessus bras dessous.

Les Espagnols s'étaient REND-12 les maîtres de la côte, et ils y fondèrent Buénos-Ayres.

VOLTAIRE.

La fidélité à la foi JUR-5, c'est là, sans contredit, un

des *résultats* moraux les plus FRAPP.. qu'*ait* PRODU-9 la chevalerie.

CAYX. Histoire de France.

Achète les terres qu'on *aurait* DÉSIR-5 que j'*eusse* ACHET-5.

136ᵉ DICTÉE.

Les attaques nombreuses que toute une école historique s'est PL-12, s'est ACHARN-5 à diriger contre Louis XIV, les critiques qu'on *a* LANC-5 contre lui et contre son gouvernement n'*ont* SERV-9 qu'à prouver l'ignorance, l'aveuglement, la mauvaise foi de l'esprit de parti et de secte : oui, une école entière toute PRÉOCCUP-5 d'une idée désorganisatrice, l'abaissement du pouvoir, tout imbue des principes anti-sociaux d'une liberté illimitée, *a* LANC-5 à pleines mains les sarcasmes contre le grand Roi ; des écrivains qu'on *avait* V-12 entrer avec distinction dans la carrière, qui *avaient* DONN-5 au public quelques espérances plus ou moins grandes de supériorité, *ont* ATTAQU-5 avec furie, *ont* DÉNIGR-5 avec acharnement celui par qui la France s'est V-12 élever si haut, s'est V-12 doter de la Flandre, de l'Alsace, de la Franche-Comté ; ce grand Louis enfin qui, comme Alexandre-le-Grand, comme Auguste, comme Léon **X**, *a* MÉRIT-5 la gloire insigne de donner son nom au siècle qui l'*a* V-12 naître. AVEUGL-5 par la passion, ils lui *ont* REFUS-5 toute vertu, je pourrais presque dire tout talent, quelles que fussent les preuves qu'il en *avait* DONN-5 ; ils *ont* DÉNATUR-5 toutes ses actions, quelque grandes et nobles que la postérité les *ait* TROUV-5 ; ils *ont* ATTAQU-5, et CHERCH-5 à flétrir sa vie entière, une vie de près de quatre-vingts ans presque entièrement CONSACR-5 à des actions toutes glorieuses, tout héroï-

N° 4, son É. —— N° 5, son É. —— N° 9, son I. —— N° 12, son U.

ques, toutes MARQU-5 au sceau de l'utilité et de la grandeur.

Étant tous F-4 de la manière que j'*ai* D.. (participe de *dirc*), ne vaut-il pas mieux qu'un autre nous commande?

BOILEAU.

Télémaque, vous n'*avez* pas OUBLI-5 les soins que vous m'*avez* COÙT-5 depuis votre enfance, et les périls dont vous *êtes* SORT-9 par mes conseils.

FÉNELON.

Là le salpêtre éclate, et la flamme élancée
En *sillons* RAYONN.. dans les airs DISPERS-5
Remplit tout l'horizon.

MICHAUD.

Quelles sont les santés que vous *avez* B-12? Quels toasts *avez*-vous PORT-5? à qui les *avez*-vous PORT-5?

137ᵉ DICTÉE.

Une foule d'*écrivassiers*, soi-DIS.. écrivains, se sont PL-12, se sont COMPL-12 à dénaturer les récits qu'*ont* F-4 Hérodote, Denys d'Halicarnasse, Xénophon, Thucydide, Tite-Live, Aulu-Gelle, Quinté-Curce, et d'autres historiens du premier ordre, contemporains ou presque contemporains des évènements qu'ils *ont* DÉCR-9 : après les *avoir* AVERT-9 de leurs erreurs, beaucoup de gens INSTRU-9 les *ont* BLÂM-5, ces faux savants, et *ont* DÉVOIL-5 leur ignorance ou leur mauvaise foi ; nous aussi, nous *avons* ÉLEV-5 la voix contre eux, mais ils se sont R-9 des avis qu'ils *ont* REÇ-12, des avertissements nombreux qu'on leur *a* DONN-5, des critiques amères quelquefois qu'ils se sont ATTIR-5, qui se sont SUCCÉD-5 à leur égard : cette insouciance et ce mépris de l'opinion publique leur *ont* NU-9 dans l'esprit de ceux même qui l'*auraient* P-12 juger de l'exactitude de leurs assertions ; ls se sont v-12 huer, honnir par tous les gens sensés.

Les œuvres morales de Cicéron que j'*ai* 12 quelque .emps en ma possession, parce que mon frère me les *wait* PRÊT-5, sont celles d'un sage qui connaissait le :œur humain ; je les *ai* L-12 attentivement (dit Zoé), et .e me suis CONFIRM-5 dans l'opinion avantageuse que 'avais CONÇ-12 du plus grand des orateurs qu'*ait* PRODU-9 .a ville des Césars.

Les douze degrés de froid qu'il y *a* 12 cet hiver nous *ont* PAR-12 bien rudes à supporter.

Lorsque vous *avez* ÉCR-9 les deux phrases : Le peu l'affaires que j'*ai* F.. (participe de *faire*) *a* CAUS-5 ma ruine, = et : Le peu d'affaires que j'*ai* F.. (participe de *faire*) *ont* CAUS-5 tous mes malheurs, pourquoi ne les *wez*-VOUS pas ORTHOGRAPHI-5 l'une comme l'autre ? pourquoi y *avez*-vous ÉCR-9 de deux manières le parti-cipe fait ?

> Tous les *discours* sont des sottises
> PART.. d'un homme sans éclat.
> MOLIÈRE.

Quelques défauts que vous vous soyez ENTEND-12 reprocher, mes enfants, vous ne vous êtes point CORRIG-5 ; quelque chose que vos parents vous *aient* D.. (participe de *dire*), quelques observations qu'ils vous *aient* F.. (participe de *faire*), quels que soient les avis qu'ils vous *ont* DONN-5, quelle que soit la force des raisons qu'ils *ont* ALLÉGU-5, vous vous êtes LAISS-5 aller à la paresse, vous vous êtes LAISS-5 dominer par l'amour du plaisir.

> Nos bons *aïeux* vivaient dans l'ignorance,
> Ne CONNAISS.. ni le tien ni le mien.
> VOLTAIRE.

PARTIE DE L'ÉLÈVE.   8

138ᵉ DICTÉE.

La chose *est* ARRIV-5 comme je l'*avais* PRÉV-12, dit
Caroline : les six mois que j'*ai* VÉC-12 à la campagne,
que j'*ai* PASS-5 dans le château de ma grand'mère, où je
me suis TROUV-5 la seule société de mes deux vieux parents, je les *ai* LAISS-5 s'écouler sans m'être FIX-5 deux
heures de suite à un travail quelconque, sans qu'aucune
occupation m'*ait* SOUR-9 ou plutôt m'*ait* CAPTIV-5, si ce
n'est la lecture ; et moi que vous *avez* V-12 si zélée pour
l'étude tant que j'*ai* RÉSID-5 à Paris, je *suis* REST-5 inoc-
cupée les deux tiers de mon temps dans le manoir de
mes aïeux ; et cela, en partie à cause des chaleurs excessives qu'il *a* F.. (participe de *faire*), que nous *avons*
12, et dont nous *avons* SOUFFE-30 considérablement ;
mais V-12 surtout, je crois, les dérangements continuels
que j'*ai* 12, les amies qui *sont* VEN-12 nous voir, et que
j'*ai* 12 à amuser, que j'*ai* D-12 conduire visiter tous nos
environs : enfin, les circonstances nous *ont* DOMIN-5,
mon aïeule et moi ; je n'*ai* P-12 étudier autant que nous
avions ESPÉR-5, et cependant, lorsque je *suis* REVEN-12 à
Paris, tous mes professeurs *ont* CONSTAT-5 des progrès ;
tous *ont* ASSUR-5 que j'*avais* OBTEN-12 les résultats qu'ils
avaient ESPÉR-5, tous ceux qu'ils *avaient* ESPÉR-5 que
j'obtiendrais.

V-12 de loin, la gloire militaire éblouit tous les
hommes ; mais malheur à ceux qui *ont* VÉC-12 sous
des princes conquérants ! que de maux n'*ont*-ils pas
ENDUR-5 ! que de fois ne se sont-ils pas PL-17 de cette
gloire destructrice ! combien n'en *ont*-ils pas GÉM-9
lorsqu'ils *ont* REPASS-5 dans leur esprit la longue kyrielle

des maux qu'elle *a* CAUS-5, depuis Sémiramis jusqu'à nos jours !

Je me moquerai-de ceux qui se sont MOQU-5 de la pauvre Marphise.

Madame de SÉVIGNÉ. Lettres.

Mes cousins, N-5 dans une modeste aisance, se sont V-12 un beau jour exorbitamment riches ; ils se sont V-12 léguer par un vieux parent des terres fertiles, de riches fermes, des hôtels et des châteaux MEUBL-5 opulemment ; ils se les sont V-12 sans s'être jamais DOUT-5 qu'ils les auraient un jour, sans y *avoir* jamais PENS-5, sans les *avoir* SOUHAIT-5 même.

139e DICTÉE.

Pourquoi notre Le Brun n'*a*-t-il pas DOT-5 la France d'une bonne traduction du Roland – le – Furieux de l'Arioste, lui qui nous *avait* ENRICH-9 de celle de la Jérusalem délivrée du Tasse ?

L'historien sacré et ses divers interprètes : les Septante ; saint Jérôme, etc., nous *ont* LAISS-5 ignorer tout ce qu'*ont* P-12 faire Adam et Ève ainsi que Seth pendant les longues années qu'ils *ont* VÉC-12 : beaucoup d'idées se sont certainement ÉVEILL-5 dans leur esprit, beaucoup de choses *auront été* CRÉ-5 par eux, quelques-unes des commodités de la vie leur *sont* D-12 à n'en point douter ; l'Écriture, la Bible ne nous en *a* RÉVÉL-5 et EX-PLIQ-5 presque aucune.

Nous nous sommes toujours PL-12 et nous nous plaisons constamment encore à vous entretenir de tous les personnages remarquables qu'*a* PRODU-9 notre belle France, qui se sont IMMORTALIS-5 dans les armes, les lettres, etc.; enfin qui se sont ILLUSTR-5 en même temps qu'ils *ont* ILLUSTR-5 leur patrie : ainsi, nous vous *avons* PRÉSENT-5 mainte et mainte fois ces noms illustres : Olivier Du Guesclin, Turenne, Vauban, Lannes, etc.; de Lamoignon, de La Rochefoucauld, de Lamartine, Victor Hugo, Casimir Delavigne; Mesdames de Sévigné, Cottin, de La Fayette, Dacier, d'Hautpoul, etc.; et dans les beaux-arts Coisevox, Mansard, Le Nôtre, le Poussin, Le Brun, Edelinck, etc. : tous ces éminents personnages *ont* CONTRIBU-5 puissamment à élever la France au rang où elle s'est V-12 placer depuis deux siècles surtout, parce que la gloire qu'ils s'étaient ACQU.. (participe d'*acquérir*) *a* REJAILL-9 sur le sol qui les *avait* PORT-5.

Il s'est TROUV-5 dans tous les temps des hommes qui *ont* S-12 commander aux autres par la puissance de la parole.

Votre jeune amie m'*avait* PAR-12 AGIT-5 de tristes pressentiments dans les huit jours qu'*a* DUR-5 son séjour à la campagne, jours qu'*a* SUIV-9 immédiatement la nouvelle de la perte cruelle qui l'*a* FRAPP-5.

Quelle dépense *a-t-on* CR-12 que vous *ayez* F.. (participe de *faire*)?

140ᵉ DICTÉE.

Il y a quelque deux cents ans, il y a deux cent dix ans même, car c'était en mil six cent quarante-trois que Louis-Quatorze *est* MONT-5 sur le trône de France; il n'avait que cinq ans tout juste, car il *était* N-5 en mil six cent trente-huit, et la régence *fut* CONFI-5 à Anne d'Autriche, sa mère; mais quelle que fût la jeunesse du monarque, quels que fussent les obstacles que rencontrât la Régente, la France, pendant cette période, ne répudia point la gloire qu'elle *avait* POURSUIV-9 et ACQU.. (participe d'*acquérir*) même sous Henri-le-Grand et sous Louis-le-Juste : aussi, et quelque jeunes que fussent encore et le souverain et quelques-uns de ses principaux serviteurs, entre autres le duc d'Enghien qui sera plus tard le grand Condé, peu d'années s'étaient ÉCOUL-5 depuis qu'*avait* COMMENC-5 le règne du jeune Louis, que déjà l'Europe entière ÉBLOU-9 *était* FORC-5 à l'admiration et au respect, à cause de la haute position où la France s'était V-12 placer par la paix D.. (participe de *dire*) de Westphalie, paix glorieuse en effet, à la conclusion de laquelle *avait* puissamment CONTRIBU-5 la *victoire* ÉCLAT.. qu'*avait* à vingt-deux ans REMPORT-5 à Rocroy le duc d'Enghien sur les Espagnols, et qu'*avaient.* DÉCID-5 les héroïques faits d'armes des Turenne, des Grammont, des Rantzau, etc.; mais combien de places ils *avaient* ATTAQU-5 et PR.. (participe de *prendre*), que de combats ils *avaient* LIVR-5, ces grands hommes, que de victoires ils *avaient* REMPORT-5 avant que les Espagnols et les Impériaux se fussent RECONN-12 VAINC-12 ; avant que la maison d'Autriche *eût* enfin RENONC-5 à l'espoir d'exercer sur l'Europe une suprématie absolue !

Cependant tout ÉCLAT.., toutes BRILL.. que se fussent MONTR-5 les premières années de ce règne à jamais mémorable, quelque glorieux qu'en *aient été* TROUV-5 les commencements, des désordres assez sérieux même y *ont* ÉCLAT-5 : après *avoir* COMPRIM-5 quelques tentatives d'indépendance des Grands, la Régente vit éclater les troubles de la Fronde, par lesquels *fut* AGIT-5 trois ou quatre ans la France pendant la minorité de Louis.

141e DICTÉE.

Jusqu'à ce qu'il *eût* ATTAQU-5 les héroïques habitants de l'Espagne, que l'Europe *a* V-12 avec un étonnement

MÊL-5 d'admiration résister au grand homme, autant Napoléon *avait* COMBATT-12 d'ennemis, autant il en *avait* VAINC-12 : et il *avait* PROMEN-5 ses aigles victorieuses dans les trois parties du monde qu'*avaient* CONN-12 les Anciens! mais à partir du moment où nos soldats *sont* ENTR-5 dans la péninsule, la fortune du héros *a* CHANG-5, ou *a* PAR-12 changer; plusieurs fois ses armées *ont été* BATT-12; plusieurs fois elles, naguère si pleines d'enthousiasme et d'obéissance, on les *a* V-12 DÉCOURAG-5 et près de se montrer indociles; en Russie, même, elles poussèrent l'esprit d'indépendance à tel point que si leurs chefs n'*avaient* pas ACCÉD-5 à leurs désirs, n'*étaient* pas ENTR-5 dans leur pensée, et ne les *avaient* pas LAISS-5 concevoir l'espérance de retourner bientôt dans leurs foyers, Napoléon les *aurait* V-12 se soustraire à l'obéissance qu'elles lui *avaient* JUR-5, à lui qui jusqu'alors les *avait* TROUV-5 non pas seulement SOUM.. (participe de *soumettre*), mais toujours pleines d'élan; à lui qui jusque-là les *avait* comme FASCIN-5.

Le peu de ressources pour les subsistances que Napoléon *a* TROUV-5 à Moscou *a* CAUS-5 en grande partie sa ruine; les soldats *ont* horriblement SOUFFE-30 dans la retraite qui *a* SUIV-9 la prise de cette capitale, et ils *ont* ACCUS-5 celui qui *avait* CAUS-5 leurs souffrances; ils ne lui *ont* plus TEN-12 aucun compte des grandes choses qu'il *avait* F.. (participe de *faire*), des talents remarquables qu'il *avait* DÉPLOY-5 en mainte occasion; ils *ont* OUBLI-5 tout le parti qu'il *avait* S-12 tirer du peu de ressources qu'il *avait* TROUV-5 sur sa route; ils se sont LAISS-5 aller à des murmures; ils *ont* ainsi CONTRIBU-5 eux-mêmes à la ruine de l'Empire.

Deux sœurs disent : Mes chères cousines, vous trouverez ci-J.. (participe de *joindre*) les cahiers de romances

et de chansonnettes que vous nous *avez* ENVOY-5 chercher chez l'éditeur de musique ; que vous nous *aviez*
DEMAND-5 de faire relier par les deux ouvriers dont nos
tantés vous *avaient* PARL-5, et qu'elles vous *avaient*
instamment RECOMMAND-5 d'occuper, qu'elles vous
avaient RECOMMAND-5 enfin : nous nous sommes PERM..
(participe de *permettre*) quelques observations sur la
reliure de ces cahiers, lorsque les relieurs nous les *ont*
APPORT-5, car nous ne la trouvions pas aussi SOIGN-5
que nous l'*aurions* VOUL-12 : les observations que nous
nous sommes PERM.. (participe de *permettre*) leur *ont*
DÉPL-12 ; mais j'espère que vous nous saurez bon gré de
les *avoir* F.. (participe de *faire*).

142ᵉ DICTÉE.

Lorsque les troubles de la Fronde *ont* COMMENC-5 à
attaquer la Régente et son ministre, bien plutôt que
Louis ou le trône, tout ÉTOURD-9 encore des coups que
Richelieu et Anne d'Autriche *avaient* PORT-5 à la féo-
dalité, qu'ils *avaient* l'un ABATT-12 presque, et l'autre
fortement COMPRIM-5, un nombre assez considérable de
grands *seigneurs* CHERCH.. à ressaisir leur indépendance
et leur existence politique se sont JO-17 aux rebelles :
beaucoup de Grands se sont MÊL-5 aux agitations et aux
mouvements qui *ont* ATTAQU-5 la Régente, et *ont* FAILL-9
ébranler la monarchie, quelques noms purs et intacts
jusque-là se sont TACH-5 alors ; ainsi quelle que fût l'il-
lustration que leur *eussent* ACQU.. (participe d'*acquérir*)
leurs ancêtres, quelles qu'eussent été les faveurs qu'a-
vaient REÇ-12 antérieurement des La Rochefoucauld, des
Longueville, des Turenne ou des Bouillon même, quels
que fussent les liens par lesquels *étaient* UN-9 à nos rois
les Condé, les Soissons, les Conti, etc., on *a* V-12 leurs

No 5, son É —— No 9, son i. —— No 12, son u. —— No 17, son in.

fils marcher sous une bannière ennemie : et parmi ceux qui n'*ont* point ouvertement ARBOR-5 l'étendard de la révolte, on en *a* v-12 rester neutres et se tenir lâchement à l'écart, au lieu de combattre pour leur jeune monarque, quelques-uns comme s'ils *eussent* ROUG-9 de se montrer fidèles, d'autres comme s'ils se fussent RÉSERV-5 la possibilité d'agir ensuite selon que les chances *auraient* TOURN-5, selon que les évènements *auraient* SERV-9 l'autorité royale ou l'*auraient* TRAH-9. Hé bien, quelles qu'aient été la longueur et la gravité des troubles de la Fronde, et surtout quelques traces qu'*ait* LAISS-5 dans les esprits cette ridicule levée de boucliers, quels qu'aient été les obstacles qu'il *a* RENCONTR-5 sur sa route, et les difficultés qu'il *a* 12 à surmonter lorsqu'il *a* C-17 la couronne qu'*avaient* tant ILLUSTR-5 ses ancêtres, Louis XIV, prenant en main les rênes de l'État, *a* S-12 triompher habilement de tous ces obstacles, il *a* MAINTEN-12 dans l'obéissance tous ses sujets, il *a* VAINC-12 et DOMIN-5 l'Europe, malgré les efforts et les ligues même de l'Empire, de l'Angleterre, de la Suède, de la Hollande RÉUN-9 : après *avoir* TERMIN-5 avec gloire et bonheur la guerre de Trente-Ans qu'*avait* COMMENC-5 Louis XIII, et *avoir* ABAISS-5 la redoutable maison d'Autriche, il *a* ÉLEV-5 la France au rang de première puissance continentale, il l'*a* ÉLEV-5 plus qu'elle n'*avait* jamais *été* ÉLEV-5 ; et d'ÉCLAT.. et nombreuses *victoires,* une administration sage, des lois équitables vinrent à chaque jour de son glorieux règne confirmer la justesse du titre de Grand que lui *avaient* DONN-5 ses sujets, que lui *a* CONSERV-5 la postérité, et qu'on *aurait* D-12 n'attaquer jamais.

N° 4, son È. ―― N° 5, son É. ―― N° 9, son I. ―― N° 12, son U.

143ᵉ DICTÉE.

La Réformation de Luther *a* PAR-12 dans l'Empire
en mil cinq cent dix-sept, ou plutôt en mil cinq cent
dix-neuf ou vingt, dans les dernières années du règne
de l'empereur Maximilien, et la première du règne
de Charles-Quint, son petit-fils; elle *fut* ENCOURAG-5 et
SOUTEN-12 en quelque sorte à son apparition par Frédéric-
le-Sage, électeur de Saxe : c'était deux siècles environ
après le moment où la péninsule italique s'était V-12
ILLUSTR-5 à jamais par la Divine-Comédie dont l'*avait*
DOT-5 le Dante, et par les chants immortels qu'y *avait*
SOUPIR-5 Pétrarque : en ce moment où l'enthousiasme
pour la philosophie, les lettres et les arts partait, en
rayonnant sur le monde, de la chaire pontificale où *était*
PLAC-5 Léon X : l'Italie *était* tout OCCUP-5 du Roland-
le-Furieux qu'y *avait* PUBLI-5 l'Arioste, et des chefs-
d'œuvre qu'*avaient* F-4 à l'envi Raphael et Jules Romain
pour orner le Vatican; la Jérusalem délivrée du Tasse
n'*avait* point encore PAR-12.

Après les premières attaques qu'*avait* MULTIPLI-5 et
RENOUVEL-5 Luther contre la discipline et les dogmes de
la religion catholique, l'Allemagne qu'il *avait* ÉBRANL-5
s'est V-12 bouleverser par les fureurs des Anabaptistes
et d'autres dissidents qui leur *ont* SUCCÉD-5, se sont COM-
BATT-12 mutuellement, et se sont SUCCÉD-5 : une multitude de sectaires *ont* TROUBL-5, DÉCHIR-5 et ÉPOUVANT-5
l'Europe qu'ils *ont* INOND-5 de sang et de larmes; puis
bientôt *est* VEN-12 la Ligue pour la France : en ces temps
malheureux tous se sont CR-12 APPEL-5 à purger la
terre; tous EXCEPT-5 quelques hommes MODÉR-5 et sages,
entre autres le chancelier de l'Hôpital, et notre Béarnais;
tous *ont* PAR-12 SAIS-9 d'un accès de frénésie destructrice,

N° 5, son É.   ——   N° 12, son U.

et si ces jours néfastes *eussent* longtemps DUR-5 ils *eussent* DÉPEUPL-5 notre France.

Je *m*'en allai, dit Madame de Sévigné, toujours PLEUR..
et toujours MOUR..

Madame de SÉVIGNÉ. Lettres.

C'est par un des plus habiles architectes qui *aient* jamais EXIST-5 qu'*ont été* EXÉCUT-5 ces chefs-d'œuvre, que l'on *a* V-12 s'exécuter ces chefs-d'œuvre si ADMIR-5 que tu t'es PROPOS-5 d'imiter, que tu t'es PROPOS-5 comme les plus beaux modèles qui *aient* jamais PAR-12, qu'on *ait* jamais V-12.

Le peu de soldats que j'*ai* EMBARQU-5 *sont* ARRIV-5 ici ; mais combien j'en *ai* PERD-12 depuis un mois !

Que de veilles, que de tourments il m'*a* COÛT-5)

DUSSAULX, cité par BESCHER.

FIN DE L'ORTHOGRAPHE DU PARTICIPE (1ʳᵉ PARTIE).

TABLE DES MATIÈRES.

PREMIÈRE SECTION.

PARTIE TRÈS-ÉLÉMENTAIRE,

Où nous avons présenté seulement les cas qui s'offrent le plus fréquemment.

DEUXIÈME SECTION.

TRAITÉ PRATIQUE, — GRADUÉ ET COMPLET.

TROISIÈME SECTION.

RÉCAPITULATION GÉNÉRALE.

N. B. Cette récapitulation générale sera continuée dans un volume pour lequel nous recueillons depuis longtemps des matériaux, et dont la publication suivra de près celle-ci.

FIN DE LA TABLE DES MATIÈRES.

Paris. — Imprimé par E. Thunot et Cie rue Racine, 26.

OUVRAGES DE Mᵐᵉˢ CHARRIER ET BOBLET.

COURS COMPLET D'ORTHOGRAPHE :

L'Orthographe d'usage enseignée par la pratique aux enfants de cinq à sept ans ; ouvrage très-élémentaire, où l'orthographe de chaque son est méthodiquement enseignée. Cet ouvrage, imprimé en gros caractères, est à la fois un livre de lecture, et un cours très-élémentaire d'*orthographe d'usage* et d'orthographe de principes. Nouvelle édition. In-12, cartonné.   1 fr. 50 c.

Éléments de grammaire pratique pour les enfants de sept à neuf ans. In-12, cartonné.   90 c.

L'Orthographe enseignée par la pratique aux enfants de sept à neuf ans. Nouvelle édition. In-12, cartonné.   1 fr. 50 c.

L'Orthographe enseignée par la pratique est AUTORISÉE PAR L'UNIVERSITÉ, — AUTORISÉE PAR DÉCISION DE M. LE GRAND-CHANCELIER ET EMPLOYÉE DANS LES MAISONS D'ÉDUCATION DE LA LÉGION D'HONNEUR ; honorée d'une MENTION HONORABLE de la société pour l'instruction élémentaire ; — enfin, qualifiée par la Société grammaticale de *livre excellent, qui doit contribuer puissamment à faciliter l'étude de la langue française.*

L'Orthographe du participe enseignée par la pratique aux enfants de neuf à douze ans, recueil de 140 dictées graduées, dans lesquelles la cacographie, reconnue si dangereuse, est remplacée par des moyens qui en offrent tous les avantages sans en avoir les inconvénients. In-12, cartonné.   1 fr. 50 c.

Corrigé raisonné du même ouvrage, avec *remarques*, notes, etc. (*Partie du maître*). In-12, cartonné.   1 fr. 50 c.

Traité complet de l'accord du participe passé (deux règles ayant chacune une seule exception), avec de nombreux exemples raisonnés, etc. In-8°, 4ᵉ édition.   60 c.

Analyse grammaticale simplifiée et raisonnée, avec modèles d'analyses et exercices. In-12, cartonné.   2 fr.

Cet ouvrage a, par décision de l'Académie française, mérité d'être déposé dans la bibliothèque de l'Institut ; — il a, en outre, été honoré d'un rapport très-favorable de la Société grammaticale, etc., etc.

Traité complet de l'emploi de la majuscule, de l'accent, du tiret ou trait-d'union, etc., etc. In-8°, 3ᵉ édition.   90 c.

Formation du pluriel dans les substantifs, renfermant tous les pluriels irréguliers. In-8, 3ᵉ édition.   30 c.

Formation du féminin dans les adjectifs, exposant la manière de former le féminin des adjectifs en *eur*, et renfermant tous les adjectifs irréguliers. In-8°, 3ᵉ édition.   40 c.

Formation du pluriel dans les adjectifs, renfermant la manière de former le pluriel de tous les adjectifs en *al*. In-8°, 3ᵉ éd.   30 c.

Chronologie des rois de France, présentant en 15 tableaux d'un siècle chacun, la date d'avènement et de mort des rois de France, leur filiation, et un aperçu de leurs règnes. In-8°, NOUVELLE ÉDITION. 50 c.

Aperçu chronologique de l'histoire d'Angleterre, comparée à la chronologie des rois de France, présentant, outre la date d'avènement et de mort des rois d'Angleterre, le nom de leurs femmes, et un abrégé succinct de leurs règnes, etc. In-8°.   1 fr. 25 c.

Tableau de l'Histoire politique des Juifs, siècle par siècle, d'après l'Art de vérifier les dates. Une feuille colombier, coloriée. 1 fr. 50 c.

SOUS PRESSE :

Suite du Cours complet d'orthographe et de **Langue française.** — Exercices sur toutes les difficultés.

Principes raisonnés de ponctuation.

Aperçu chronologique de l'histoire d'Allemagne comparée à la chronologie des rois de France.

Paris. — Imprimé par E. THUNOT et Cᵉ, rue Racine, 26